JN075322

ビジネスで1番よく使う電話&オンライン英会話

受け答えからマナーまで

大島さくら子 著

Jリサーチ出版

はじめに

コミュニケーションツールとして、メールやSNSなどに大きく依存している現代社会において、プライベートでは電話で話すことはめったになくなってきているかもしれません。しかし、多くの企業にとって、電話は日常業務の中で大変重要な役割を果たしています。テクノロジーがどんなに進化しても、ビジネス電話がなくなることはないでしょう。ですので、仕事をする上で、電話応対力は非常に重要であると言えます。ただ、電話でのコミュニケーションは、お互いの表情や身振りなどの非言語的情報を得ることができないため、対面でのコミュニケーションよりもずっと難しく、また、緊張するものです。ましてや英語による電話応対となると、恐怖心すら抱いてる人もいるのではないでしょうか。しかし、電話を受ける、取り次ぐ、かけるなど、それぞれのシーン別に決まり文句のようなフレーズがあり、また、それに対して相手がどのように応じるのかも、ある程度想定されます。これらは、英語のレベルに関係なく、共通して使われる表現なので、まずはシーン別に理解し、覚えることが大切です。

また、パンデミックによって多くの企業でリモートワークが主流となり、オンラインでのミーティングや商談も日常的に行われるようになっています。これらの機会で使われるフレーズやマナーを知ることも、ビジネスを進める上で必須と言えるでしょう。

本書では、電話やオンラインでよく使われる表現を、シーン別に短いダイアローグで再現しました。さらに、必要に応じ、文法と語法の解説をしています。加えて、関連表現やオンラインでの会話に特化したフレーズを、紙面のゆるす限り掲載しました。

なお、ダイアローグのすべてが、ネィティブスピーカーの音声で収録されています。何度も聞き、声に出し、繰り返しトレーニングをしてください。電話やオンラインによる英語でのコミュニケーションに対する不安や恐怖心が少しずつ取り除かれ、最終的には大きな自信が生まれるはずです。

本書が皆さまのご活躍の一助となりますように。

大島さくら子

本文目次

本書の使い方

●Chapter1・5　電話＆オンライン会議必須表現

ビジネスシーンで必須となる表現を学びます。とっさの電話対応やオンライン会議では、いかにたくさんの言い回しを覚えているかがカギになります。本書を活用して、さまざまな表現を練習しましょう！

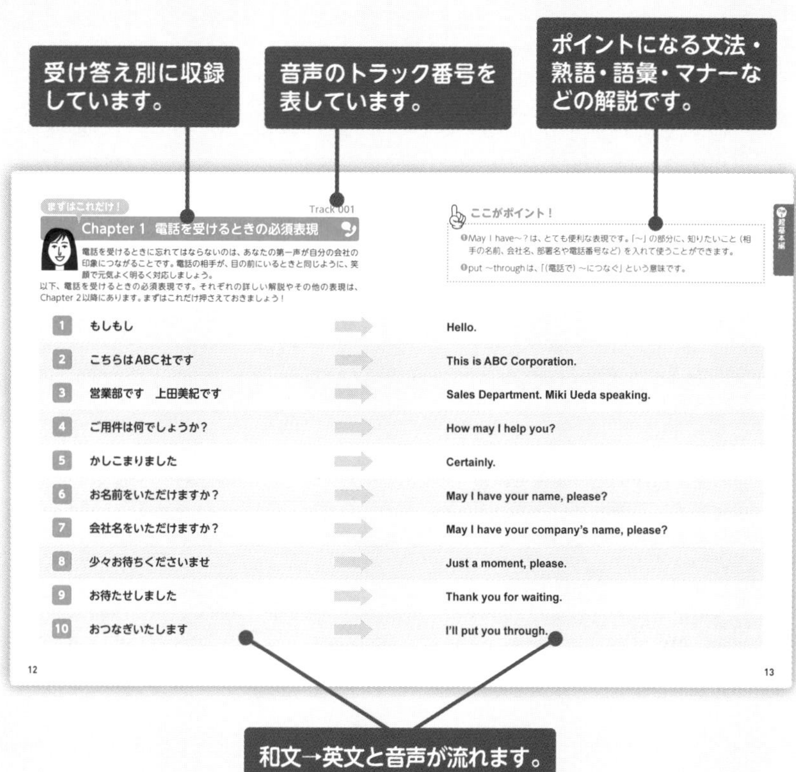

受け答え別に収録しています。
音声のトラック番号を表しています。
ポイントになる文法・熟語・語彙・マナーなどの解説です。
まずはこれだけ！
Track 001
Chapter 1 電話を受けるときの必須表現
電話を受けるときに忘れてはならないのは、あなたの第一声が自分の会社の印象につながることです。電話の相手が、目の前にいるときと同じように、笑顔で元気よく明るく対応しましょう。
以下、電話を受けるときの必須表現です。それぞれの詳しい解説やその他の表現は、Chapter 2以降にあります。まずはこれだけ押さえておきましょう！
ここがポイント！
May I have～？は、とても便利な表現です。「～」の部分に、知りたいこと（相手の名前、会社名、部署名や電話番号など）を入れて使うことができます。
put ～throughは、「（電話で）～につなぐ」という意味です。
1 もしもし Hello.
2 こちらはABC社です This is ABC Corporation.
3 営業部です　上田美紀です Sales Department. Miki Ueda speaking.
4 ご用件は何でしょうか？ How may I help you?
5 かしこまりました Certainly.
6 お名前をいただけますか？ May I have your name, please?
7 会社名をいただけますか？ May I have your company's name, please?
8 少々お待ちくださいませ Just a moment, please.
9 お待たせしました Thank you for waiting.
10 おつなぎいたします I'll put you through.
12
13

和文→英文と音声が流れます。文章を完全に覚えるまでくり返し練習しましょう。

●Chapter2～4・6　ビジネスシーン別の表現＆ダイアローグ

英文ダイアローグを通してシーン別に重要な表現を学んでいきます。
はじめに英文と和文を対応させながら訳を確認し、次に音声を聞きながら後に続いて英文をくり返し読む練習をしましょう！

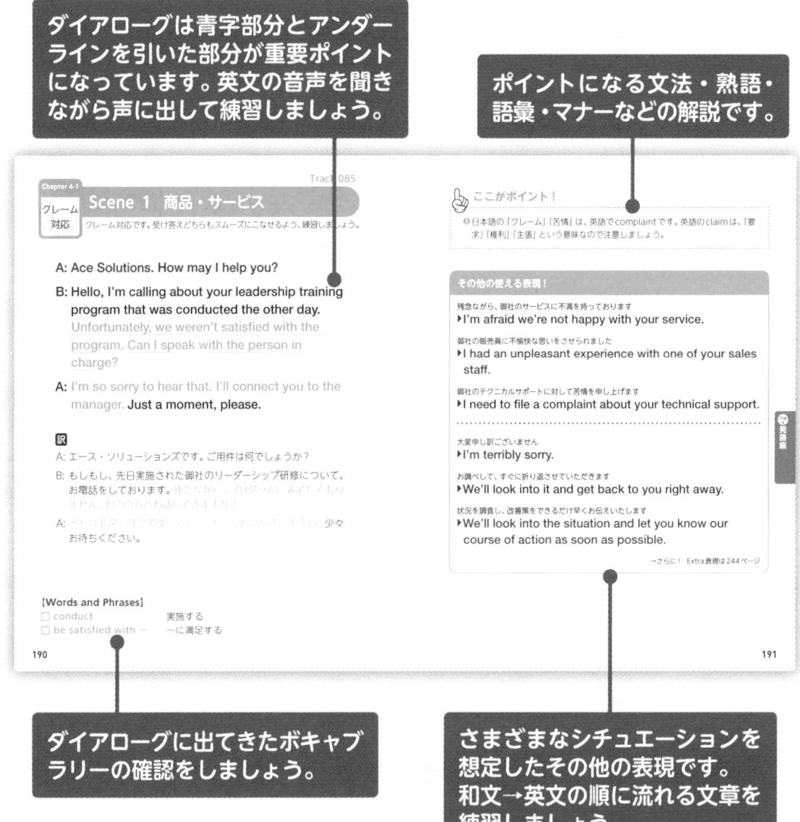

ダイアローグは青字部分とアンダーラインを引いた部分が重要ポイントになっています。英文の音声を聞きながら声に出して練習しましょう。
ポイントになる文法・熟語・語彙・マナーなどの解説です。
Chapter 4-1
クレーム対応
Track 085
Scene 1 商品・サービス
クレーム対応です。受け答えどちらもスムーズにこなせるよう、練習しましょう。
A: Ace Solutions. How may I help you?
B: Hello, I'm calling about your leadership training program that was conducted the other day. Unfortunately, we weren't satisfied with the program. Can I speak with the person in charge?
A: I'm so sorry to hear that. I'll connect you to the manager. Just a moment, please.
訳
A: エース・ソリューションズです。ご用件は何でしょうか？
B: もしもし、先日実施された御社のリーダーシップ研修について、お電話をしております。
お待ちください。
[Words and Phrases]
conduct　実施する
be satisfied with ～　～に満足する
190
ここがポイント！
日本語の「クレーム」「苦情」は、英語でcomplaintです。英語のclaimは、「要求」「権利」「主張」という意味なので注意しましょう。
その他の使える表現！
残念ながら、御社のサービスに不満を持っております
I'm afraid we're not happy with your service.
御社の販売員に不愉快な思いをさせられました
I had an unpleasant experience with one of your sales staff.
御社のテクニカルサポートに対して苦情を申し上げます
I need to file a complaint about your technical support.
大変申し訳ございません
I'm terribly sorry.
お調べして、すぐに折り返させていただきます
We'll look into it and get back to you right away.
状況を調査し、改善策をできるだけ早くお伝えいたします
We'll look into the situation and let you know our course of action as soon as possible.
→さらに！ Extra表現は244ページ
191
ダイアローグに出てきたボキャブラリーの確認をしましょう。
さまざまなシチュエーションを想定したその他の表現です。和文→英文の順に流れる文章を練習しましょう。

音声ダウンロードのやり方

STEP 1 商品ページにアクセス！方法は次の３通り！

❶ QRコードを読み取ってアクセス。

❷ https://www.jresearch.co.jp/book/b577364.html を入力してアクセス。

❸ Ｊリサーチ出版のホームページ（https://www.jresearch.co.jp/）にアクセスして、「キーワード」に書籍名を入れて検索。

STEP 2 ページ内にある「音声ダウンロード」ボタンをクリック！

STEP 3 ユーザー名「1001」、パスワード「25182」を入力！

STEP 4 音声の利用方法は２通り！
学習スタイルに合わせた方法でお聴きください！

- 「音声ファイル一括ダウンロード」より、ファイルをダウンロードして聴く。
- ▶ボタンを押して、その場で再生して聴く。

※ダウンロードした音声ファイルは、パソコン・スマートフォンなどでお聴きいただくことができます。一括ダウンロードの音声ファイルは.zip形式で圧縮してあります。解凍してご利用ください。ファイルの解凍が上手く出来ない場合は、直接の音声再生も可能です。

音声ダウンロードについてのお問い合わせ先
toiawase@jresearch.co.jp（受付時間：平日９時～18時）

Chapter 1
超基本編

まずはこれだけ！

Track 001

Chapter 1　電話を受けるときの必須表現

電話の相手が、目の前にいるときと同じように、笑顔で元気よく明るく対応しましょう。

1 もしもし

2 こちらはABC社です

3 営業部です　上田美紀です

4 ご用件は何でしょうか？

5 かしこまりました

6 お名前をいただけますか？

7 会社名をいただけますか？

8 少々お待ちくださいませ

9 お待たせしました

10 おつなぎいたします

ここがポイント！

❶ May I have～？は、とても便利な表現です。「～」の部分に、知りたいこと（相手の名前、会社名、部署名や電話番号など）を入れて使うことができます。

❶ put ～through は、「(電話で) ～につなぐ」という意味です。

Hello.

This is ABC Corporation.

Sales Department. Miki Ueda speaking.

How may I help you?

Certainly.

May I have your name, please?

May I have your company's name, please?

Just a moment, please.

Thank you for waiting.

I'll put you through.

まずはこれだけ！

Track 002

Chapter 1 電話をかけるときの必須表現

話すべき内容を確実に伝えられるように、しっかりと事前準備をしておきましょう。

1 もしもし、ABC社の山口美緒と申します

2 トーマス・ブラウンさまをお願いいたします

3 営業部につないでいただけますか？

4 明日のお約束に関してお電話をしております

5 伝言を預かっていただけますか？

6 伝言を残してもいいでしょうか？

7 また後でかけ直します

8 電話があったことをお伝えいただけますか？

9 折り返しのお電話をいただけるようお伝え願えますか？

10 今、お話しするお時間はありますか？

ここがポイント！

- Could you～？は、「～していただけますか？」という丁寧な『依頼』の表現です。Couldを Canに置き換えるとカジュアルなニュアンスになります。
- call ～backは、「～に電話をかけ直す」という意味です。

Hello, this is Mio Yamaguchi from ABC Corporation.

May I speak to Thomas Brown, please?

Could you put me through to the Sales Department, please?

I'm calling about tomorrow's appointment.

Could you take a message?

May/Could I leave a message?

I'll call him/her back later.

Could you tell him/her that I called?

Could you please ask him/her to call me back?

Do you have time to talk now?

まずはこれだけ！

Track 003

Chapter 1 トラブル対応必須表現

電池切れ、電波状態や騒音などで声が聞こえないなどのさまざまなトラブルに関する表現です。

Scene1 聞き取れない

1 お電話が遠いようですが
よく聞こえません

2 そちらの周りが騒がしいのですが

3 こちらの周りが騒がし過ぎます

4 今、聞こえますか？

5 もしもし？ まだそこにいますか？
→聞こえていますか？

6 なんとおっしゃいましたか？

7 すみません　聞き取れませんでした

ここがポイント！

❗ トラブルの内容を具体的に伝える前に、必要に応じて、「申し訳ございませんが」「恐れ入りますが」「あいにくですが」「残念ながら」という意味の、I'm sorry、Excuse me、I'm afraid、Unfortunatelyを添えるといいでしょう。

I can't hear you.

- I can't hear you very well.
- I can't hear you clearly.
- I'm having trouble hearing you.
- It's hard to hear you.

There's a lot of background noise on your end.

語 on one's end　そちらの方で

It's too noisy here.

Can you hear me now?

Hello? Are you still there?

- Are you there?

I beg your pardon?

- Pardon me?
- Pardon?
- I'm sorry?
- Sorry? What was that?
- Excuse me? What did you say?

I'm sorry. I didn't catch that.

語 catch　聞き取る

Scene 2 もう少し大きな声で話してほしい Track 004

1 もう少し大きな声で話していただけますか？

Scene 3 もう少しゆっくり話してほしい

1 もう少しゆっくり話していただけますか？

Scene 4 もう一度言ってほしい

1 もう一度繰り返していただけませんか？

Scene 5 よく理解できない

1 話についていけません

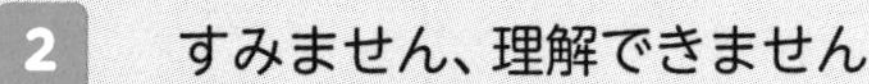

2 すみません、理解できません

3 正しく理解できているかどうかわかりません

Could/Can you speak up a little, please?

語 speak up　大きな声で話す

Could/Can you speak a little louder, please?

Could/Can you speak more slowly, please?

Could/Can you speak a little more slowly, please?

Could/Can you repeat that, please?

Could/Can you say that again, please?

I'm not following you.

I don't quite follow you.

I'm sorry, but I don't understand.

I'm not sure if I understand correctly.

Scene 6 英語がわかる人につなぐ　Track 005

1　英語を話す者と代わります 

Scene 7 日本語がわかる人につないでもらう

1　そちらに日本語を話せる方はいらっしゃいますか？ 

Scene 8 通話状態が悪い・雑音がする

1　回線状態が悪いようですね 

2　電波の状態があまりよくないですね 

3　受信状態が悪いですね 

4　雑音が激しいですね 

5　ザーザー音がします 

6　カチカチ音がします 

I'll get someone who speaks English.

🅢 Let me get someone else who speaks English.

Is there anyone there who speaks Japanese?

🅢 Does anyone there speak Japanese?
🅢 Do you have someone there who speaks Japanese?

I think we have a bad connection.

🅢 The connection isn't good.
🅢 Something is wrong with the connection.

The connection isn't very good.

We're getting bad reception.
語 reception　受信状態

🅢 The reception is bad.
🅢 We have poor reception.

There's a lot of noise on the line.

🅢 There's too much noise on the line.

I'm getting static.
語 static　（電波の）雑音

🅢 There's static on the line.
🅢 I hear static.

There's a clicking noise.
語 clicking noise　カチカチいう音

🅢 I hear a clicking noise.

7 そちらはどうですか？　聞こえていますか？

Scene 9 音声が途切れ途切れになる　Track 006

1 あなたの声が途切れ途切れに聞こえます

Scene 10 混線している

1 混線しています

Scene 11 電池が切れそうになる

1 電池が切れそうです

Scene 12 途中で電池が切れる／電話が切れる

1 電池が切れました

2 電話の電池が切れていました

How about you? Do you hear it?

You're breaking up.

The lines are crossed.

🔄 We have our lines crossed.

My battery is almost dead.

語 dead （電池などが）切れた
語 gone 使い切った、切れた
語 low 不足して

🔄 My battery is almost gone.
🔄 My battery is low.

I ran out of battery.

語 out of ～ ～が切れて／不足して
語 run out 切れる、終わる
語 die 消える、なくなる
語 dead （電池などが）切れた

🔄 My battery ran out.
🔄 My battery died.
🔄 My phone went dead.

My phone was dead.

3 電話が切れました

Scene 13 違う番号につながる

Track 007

1 違う番号／部署につながりました

2 正しい番号／部署につないでいただけますか？

Scene 14 電話がつながらない

1 電話がつながりませんでした

2 ずっと話し中でした

3 話し中の音しか聞こえません

4 どなたも電話に出ません

I got disconnected.
語 get cut off　(話の途中で) 電話を切られる

We got cut off.
The line just dropped.

I've been connected to the wrong number/department.

I was connected to the wrong number/department.

Could you connect me to the correct number/department?

I couldn't get through.
語 get through　(電話などで) 相手の番号に通じる、連絡がつく

All I got was a busy signal.
語 busy signal　電話の話し中の音

I keep getting a busy signal.

Nobody answers the phone.

There's no answer.
No one picks up the phone.

お役立ち情報！

主な国／地域の「国番号」一覧

■アジア・中東・ロシア

アフガニスタン	93
アラブ首長国連邦	971
イスラエル	972
イラク	964
イラン	98
インド	91
インドネシア	62
オマーン	968
カザフスタン	7
カタール	974
カンボジア	855
クウェート	965
サウジアラビア	966
ジョージア	995
シリア	963
シンガポール	65
スリランカ	94
タイ	66
大韓民国	82
台湾	886
中華人民共和国	86
朝鮮民主主義人民共和国	850
日本	81 ★
ネパール	977
パキスタン	92
バングラデシュ	880
フィリピン	63
ブータン	975
ブルネイ	673
ベトナム	84
香港	852
マカオ	853
マレーシア	60
ミャンマー	95
モンゴル	976
ラオス	856
レバノン	961
ロシア	7

■アメリカ

アメリカ合衆国	1
アルゼンチン	54
ウルグアイ	598
エクアドル	593
カナダ	1
キューバ	53
コスタリカ	506
コロンビア	57
ジャマイカ	1
チリ	56
ドミニカ共和国	1
ハイチ	509
パナマ	507
バハマ諸島	1
パラグアイ	595
プエルトリコ	1
ブラジル	55
ベネズエラ	58
ペルー	51
メキシコ	52

■ヨーロッパ

アイルランド	353
イギリス	44
イタリア	39
ウクライナ	380
オーストリア	43
オランダ	31
ギリシャ	30
スイス	41
スウェーデン	46
スペイン	34
スロバキア	421
チェコ	420
デンマーク	45
ドイツ	49
トルコ	90
ノルウェー	47
ハンガリー	36
フィンランド	358
フランス	33
ブルガリア	359
ベルギー	32
ポーランド	48
ボスニア・ヘルツェゴビナ	387
ポルトガル	351
ルーマニア	40
ルクセンブルク	352

■オセアニア・南太平洋

オーストラリア	61
グアム	1
サイパン	1
ソロモン諸島	677
ツバル	688
トンガ	676
ニューカレドニア	687
ニュージーランド	64
バヌアツ	678
パプアニューギニア	675
パラオ	680
ハワイ	1
フィジー	679
マーシャル諸島	692
ミクロネシア連邦	691
モルディブ	960

■アフリカ

アルジェリア	213
ウガンダ	256
エジプト	20
エチオピア	251
ガーナ	233
カナリア諸島	34
カメルーン	237
ケニア	254
ジンバブエ	263
スーダン	249
セネガル	221
ソマリア	252
タンザニア	255
チュニジア	216
ナイジェリア	234
ボツワナ	267
マダガスカル	261
モーリシャス	230
モザンビーク	258
モロッコ	212
リビア	218
ルワンダ	250
中央アフリカ	236
南アフリカ	27

サマータイム制度を採用している国と期間

■ アメリカ（アリゾナ州、ハワイ州除く）・カナダ（一部除く）・メキシコ（一部除く）
3月 第2日曜日 午前2時〜11月 第1日曜日 午前2時

■ イギリス
3月 最終日曜日 午前1時〜10月 最終日曜日 午前2時

■ オーストラリア（北部は実施なし）
10月 第1日曜日 午前2時〜翌年4月 第1日曜日 午前3時

■ ニュージーランド（一部除く）
9月 最終日曜日 午前2時〜翌年4月 第1日曜日 午前3時

＊EU諸国は、2021年にサマータイム制度を廃止。
＊サマータイム実施中は、時間を1時間進めるので、日本時間との時差は1時間縮まります。例えば、-8時間の時差は、-7時間になります。
＊サマータイムは、アメリカ英語でdaylight saving time (DST)、イギリス英語でsummer timeと言います。特にイギリスのサマータイムは、British Summer Time (BST)と呼びます。

（2021年5月1日現在）

電話をかけるときのマナー①

電話応対では特に、相手にわかりやすいように、クリアな発音で、そして小さ過ぎず、かつ、大き過ぎない適度なボリュームで話すよう心がけます。相手の話はメモを取りながらしっかり聞き、復唱をして、聞き間違いのないようにしましょう。また、着信に気づいたら、すみやかに電話に出て、相手を待たせないことも大切です。

電話をかける時間帯にも配慮が必要です。朝一番や終業間際、時間外の電話はできるだけ避けます。海外へかける場合は、時差はもちろん、相手国の祝祭日も確認しましょう。

Chapter 2
基本編

Track 008

Chapter 2-1

電話を受ける

Scene 1 自分の会社名／部署名を名乗る

音声とともに次の場面をロールプレイングします。覚えたフレーズを使ってみましょう。

A: Good morning, Big Island Corporation.
How may I help you?

B: Hello, this is Bill Jones. May I speak to Ms. Tanaka, please?

A: Certainly. Just a moment, please.

B: Thank you.

訳

A: おはようございます、ビッグアイランド社です。
ご用件は何でしょうか？

B: もしもし、ビル・ジョーンズですが。田中さまをお願いできますか？

A: かしこまりました。少々お待ちください。

B: ありがとうございます。

【Words and Phrases】

□ May I ～?　～してもいいでしょうか？
□ certainly　〈返答で〉かしこまりました
□ just a moment　ちょっと待ってください

ここがポイント！

- 電話を受けて、午前中であればGood morning、午後であればGood afternoonと、あいさつをしてから、会社名／部署名を名乗ります。
- あいさつを省略し、すぐに会社名／部署名を名乗る場合もあります。
  【例】 Big Island Corporation. How may I help you?
- Big Island Corporation.は、This is Big Island Corporation.「こちらはビッグアイランド社です」のThis isが省略されています。
- 会社名／部署名を名乗った後、自分の名前を伝える場合は、This is Haruka Yamada speaking.「山田春香です」と続けます。speakingは、「通話中で」という意味です。なお、This is、speakingのいずれも省略して、フルネームのみを伝える場合があります。
  【例】 (This is) Sales Department, (this is) Haruka Yamada (speaking).
  「営業部、山田春香です」
- How may I help you?の直訳は、「私はあなたをどのように助けることができますか?」ですが、「ご用件は何でしょうか？」という意味で使うことができます。mayをcanに置き換えると、カジュアルになります。
  (＊より詳しい『用件を聞く』表現はp.36参照)

Chap 2 基本編

その他の使える表現！

こんにちは、総務部です

▶**Good afternoon, this is General Affairs.**

ご用件は何でしょうか？

▶**May/Could/Can I help you?**

「もしもし」は、Hello、あるいはHiを使うこともできます。通常、会社で電話を最初に受けるときには使いませんが、電話をかける際は、Hello/Hiと言ってから名乗ります。

Track 009

Chapter 2-1

電話を受ける

Scene 2 相手の名前／会社名を聞く

音声とともに次の場面をロールプレイングします。覚えたフレーズを使ってみましょう。

A: Hello, can I speak to Mr. Sato, please?

B: Who's calling, please?

A: This is Amy Parker.

B: May I have the name of your company, please?

訳

A: もしもし、佐藤さまをお願いできますか？

B: どちらさまでしょうか？

A: エイミー・パーカーです。

B: 会社名を教えていただけますでしょうか？

【Words and Phrases】

□ Can I ～?　　～してもいいですか？

□ May I have ～?　　～をいただけますか？

ここがポイント！

- 「どちらさまですか？」という意味で、Who are you? 「あなたは誰？」と言わないように気を付けましょう。また、What's your name? 「あなたの名前は何ですか？」も、丁重に言ったとしてもビジネスではNGです。
- Who's calling, please? のWho'sは、Who isが短縮された形です。
- 〈May I ～?〉は、〈Could I ～?〉〈Can I ～?〉に置き換えることができます。May→Could→Canの順で、丁寧度が下がります。
- 電話で名前を名乗る際は、〈I'm ～.〉ではなく、通常、〈This is ～.〉を用いますが、〈My name is ～.〉と言うこともできます。ちなみに、Thisは「(今、話しているこの) 声」を指しています。

その他の使える表現！

お名前をいただけますでしょうか？
▶**Could/Can you tell me your name, please?**

どなたさまからとお伝えすればよろしいですか？
▶**Who should I say is calling?**

私はどなたとお話しをしていますか？→どちらさまですか？
▶**Who am I speaking with?**

失礼ですが、あなたのお名前は…？
▶**I'm sorry, but you're ...?**

会社名をいただけますでしょうか？
▶**May/Could/Can I have your company's name, please?**

Scene3 用件を聞く

音声とともに次の場面をロールプレイングします。覚えたフレーズを使ってみましょう。

A: Public Relations. How may I help you?

B: Hello, this is Holly. Is Tom there?

A: May I ask what this call is regarding?

B: I'm returning his call.

訳

A: 広報です。ご用件は何でしょうか？

B: もしもし、ホリーです。トムさんはいますか？

A: どんなご用件かお聞きしてもいいでしょうか？

B: 折り返しの電話をしています。

【Words and Phrases】

□ public relations　広報
□ regarding ～　～に関して、～について
□ return ～'s call　～からの電話を折り返す

ここがポイント！

- How may I help you?「私はあなたをどのように助けることができますか？→ご用件は何でしょうか？」は、May I help you?「あなたを助けてもいいでしょうか？→ご用件は何でしょうか？」に置き換えることができます。どちらを使ってもいいのですが、厳密には［相手が明らかに助けを必要としているとわかっているとき］にHow may I help you?を、［助けが必要かどうかわからないとき］に、May I help you?を用います。
- 〈regarding～〉は、「～に関して」「～について」という意味の前置詞です。従って、May I ask what this call is regarding?の直訳は、「この電話は何に関してなのか、聞いてもよろしいでしょうか？」となり、「ご用件は何でしょうか？」の意味で使うことができます。
- regardingは、about、あるいは、concerningに置き換えることができます。

Chap 2 基本編

その他の使える表現！

あなたのために私は何ができますか？→ご用件は何ですか？

▶**What can I do for you?**

この電話の目的は何ですか？→ ご用件は何ですか？

▶**What's the purpose of this call?**

→さらに！ Extra表現は136ページ

用件を聞く際、Why did you call?と言わないように注意しましょう。「なぜ（手紙やメール、訪問ではなく）電話をしてきたのですか？」という意味になってしまいます。

Chapter 2-1

電話を受ける

Scene 4 他部署に電話を回す

音声とともに次の場面をロールプレイングします。覚えたフレーズを使ってみましょう。

A: Hello, I'm calling about your trade show in March.

B: I'm sorry, but you are...?

A: This is Susan Baker from Free Birds company.

B: Okay, I'll put you through to the department in charge.

訳

A: もしもし、3月の御社の展示会に関してお電話を差し上げています。

B: 失礼ですが、どちらさまでしょうか？

A: フリーバーズ社のスーザン・ベイカーです。

B: わかりました、担当部署におつなぎいたします。

【Words and Phrases】

☐ trade show　展示会、見本市

☐ put ～ through to …　（電話で）…に～をつなぐ

☐ department in charge　担当部署

ここがポイント！

- 〈put ～ through to ...〉は、「(電話で)…に～をつなぐ」という意味で、〈connect ～to/with ...〉、〈transfer ～ to ...〉に置き換えることができます。
- in chargeは、「(仕事などを) 担当して」という意味なので、department in chargeは「担当部署」になります。in chargeは、departmentを後ろから修飾しています。同様に、「担当者」はperson in chargeになります。
- I'm sorry, but you are ...?「すみません、でも、あなたは…？→失礼ですが、どちらさまですか？」は、相手の名前などが聞き取れなかったときにも使えます。

Chap 2 基本編

その他の使える表現！

調査部におつなぎいたします

▸**I'll connect you to/with the Research Department.**

経理課におつなぎいたします

▸**Let me transfer you to the accounting section.**

どの部署をご希望ですか？→ どの部署におつなぎしましょうか？

▸**Which department would you like?**

おつなぎします

▸**I'm connecting you now.**

▸**I'm putting you through.**

おつなぎしますので、そのまま切らずにお待ちください

▸**Please hold (on) while I transfer your call.**

Scene 5 電話を保留にする

音声とともに次の場面をロールプレイングします。覚えたフレーズを使ってみましょう。

A: What can I do for you today?

B: Mr. Campbell called me earlier. I'm returning his call.

A: Oh, okay. Just a moment, please.

B: Thanks.

訳

A: 本日はどのようなご用件ですか？

B: キャンベルさまから先ほどお電話をいただきましたので、折り返しています。

A: あ、そうなんですね。少々お待ちください。

B: ありがとう。

【Words and Phrases】

- ☐ earlier　（時間的に）前に
- ☐ just a moment　ちょっと待ってください

ここがポイント！

- moment「瞬間」「ちょっとの間」を用いたjust a momentは、「ちょっと待ってください」という意味の決まった表現です。Just a moment, please.と、最後にpleaseを付けると丁寧になります。
- momentは、second「秒」、minute「分」に置き換えることができますが、secondとminuteはややカジュアルな印象を与えるので、pleaseを付けたとしても、ビジネスでは避けた方がいいでしょう。
- Just a moment, please.は、hold「電話を切らずに待つ」を用いたさまざまな表現に置き換えることができます。以下、その他の使える表現！を参照してください。

その他の使える表現！

少々お待ちください

- **Please hold for a moment.**
- **Hold the line, please.**
- **Hold on a moment, please.**
- **One moment, please.**
- **Please hold on.**

お待ちいただけますでしょうか

- **Could/Can you hold the line, please?**
- **May/Could/Can I put you on hold?**

Just a moment, please.は、電話以外でも使えます。

Scene 6 待たせたことを謝る

音声とともに次の場面をロールプレイングします。覚えたフレーズを使ってみましょう。

A: Could you connect me to Daniel? This is Brian from Marketing.

B: Sure, please hold for a moment while I put you through.

B: Hello? I'm sorry to have kept you waiting.
I'm afraid there's no answer. I'm sure he's somewhere in the building. Would you like to continue holding?

A: That's okay, I'll call him back again later. Thanks.

訳

A: ダニエルさんにつないでいただけますか？ マーケティング部のブライアンです。

B: わかりました、おつなぎしますので、少々お待ちください。

B: もしもし？ お待たせして申し訳ございません。あいにく、応答がございません。社内にはいるはずなのですが。引き続きお待ちになりますか？

A: 結構です、また後ほどかけ直します。ありがとう。

【Words and Phrases】

☐ answer　(電話などに) 応じて出る
☐ somewhere　どこかに

ここがポイント！

❗ 〈keep＋(人)＋〜ing〉は、「(人) に〜させ続ける」という意味です。従って、I'm sorry to have kept you waiting. は、I'm sorry to keep you waiting. でもいいのですが、have kept と完了形にすると、より丁寧な印象になります。電話だけでなく、待ち合わせなどで相手を待たせたときにも使えます。

その他の使える表現！

長らくお待たせして申し訳ございません
▸**I'm sorry to have kept you on hold so long.**

こんなに長くかかってしまい申し訳ございません
▸**I'm sorry it's taking so long.**

待っていただきありがとうございます→お待たせいたしました
▸**Thank you for holding.**

あいにく、しばらくかかりそうです
▸**Unfortunately, it'll be a little while.**

あともう5分かかると思います
▸**I think it may take another 5 minutes.**

Scene 7 自分宛ての電話を受ける

音声とともに次の場面をロールプレイングします。覚えたフレーズを使ってみましょう。

A: Can I speak to Ryohei Iguchi, please?

B: This is he. Who's calling, please?

A: Hello, this is Isabella Lopez from Venus Group.

B: Hello, Isabella. What can I do for you today?

訳

A: 井口良平さんとお話しできますか？

B: 私ですが。どちらさまでしょうか？

A: こんにちは、ビーナスグループのイザベラ・ロペスです。

B: こんにちは、イザベラさん。今日は、どのようなご用件でしょうか？

ここがポイント！

This is he. の this は声の主を指すので、「この声はあなたが話したいと思っている彼です」というような意味になります。そして、その声の主の彼は、話している本人なので「私ですが」と訳しています。女性の場合は、This is she. になります。

Chap 2 基本編

その他の使える表現！

私ですが

▸**Speaking.**

▸**That's me.**

私がデレック・ムーアですが

▸**This is Derek Moore.**

田辺真弓です　ご用件は何でしょうか？

▸**Mayumi Tanabe. How may I help you?**

This is him?!

This is he.、This is she. が正しいのですが、アメリカのあるテレビドラマを観ていたら、主人公の男性が電話に出て、This is him. と言っていました。This is him.、This is her. を使う人も少数派ですがいるようです。

Scene 8　自分宛ての電話に出られないと伝える

音声とともに次の場面をロールプレイングします。覚えたフレーズを使ってみましょう。

A: Asuka, you have a call from Noah. Would you like to take the call now?

B: Well, I'm tied up at the moment. Can you tell him I'll call him back in an hour?

A: No problem.

訳

A: 明日香さん、ノアさんからお電話です。今、お出になりますか？

B: ええっと、今、手が離せません。1時間後にかけ直すと伝えていただけますか？

A: わかりました。

【Words and Phrases】

☐ take the call　電話に出る
☐ tied up　(忙しくて) 手が離せない
☐ no problem　問題ない、大丈夫

ここがポイント！

- 自分宛ての電話に出られない、あるいは出ない場合、どのように相手に伝えて欲しいのかを、取り次いだ人に簡潔に指示します。
- 『了承』の意味で使うNo problem.は、Okay、All right、Sureに置き換えることができるカジュアルな表現です。丁寧に伝えたい場合は、Certainly.「かしこまりました」を使うといいでしょう。

その他の使える表現！

この電話が終わり次第、折り返すと伝えてください
▶Please tell him I'll return his call as soon as I get off the phone.

電話番号を聞いておいてください　すぐにかけ直します
▶Please ask for her number. I'll call her right back.

今、席を外していると伝えていただけますか？
▶Can you please tell him I'm away from my desk right now?

外出していると伝えていただけますか？
▶Can you tell her I'm out of the office?

来客中と伝えてください
▶Please tell him I'm with a client.

→さらに！　Extra表現は137ページ

Chapter 2-1

電話を受ける

Scene 9 代わりに電話を受ける

音声とともに次の場面をロールプレイングします。覚えたフレーズを使ってみましょう。

A: May I speak to Mr. Kawasaki?

B: Unfortunately, he's on a business trip and won't be back until Wednesday of next week.

A: I see. Could you connect me to someone else in charge of the sales promotion?

B: I can take the call for him.

訳

A: 川崎さまをお願いできますか？

B: あいにく、出張中で、来週の水曜日まで戻りません。

A: そうですか。どなたか販売促進のご担当の方につないでいただけませんか？

B: 私が代わりに伺います。

【Words and Phrases】

- □ in charge of ～　～を担当して
- □ sales promotion　販売促進
- □ take the call　電話を受付ける
- □ for ～　～の代わりに

ここがポイント！

- take the callは、「電話に出る」という意味の他、「電話を受け付ける」という意味があります。例えば、ラジオやテレビの番組などで、視聴者からの通販の注文の電話を受け付ける、あるいは音楽などの電話リクエストを受け付けるときなどに、We'll take your calls until 3:00 p.m.「皆さまからのお電話を、午後3時まで受け付けいたします」のように使います。
- for him「彼の代わりに」は、instead「その代わりに」「代わりに」に置き換えることができます。

その他の使える表現！

私が代わりに伺います
▶**I'll take the call instead.**

私が代わりにお話しできます
▶**I can talk to you on her behalf.**

私もその案件を担当しております
▶**I also handle that issue.**

私が彼の仕事を引き継いでおります
▶**I've taken over his job.**

もしもし？　私は岸田哲也ですが→電話を代わりました
▶**Hello? Tetsuya Kishida speaking.**

私はローランドですが→電話を代わりました　ご用件を伺います
▶**Roland speaking. How can I help you?**

Chapter 2-1
電話を受ける

Scene 10 （社内で）受付からの電話に指示を出す

音声とともに次の場面をロールプレイングします。覚えたフレーズを使ってみましょう。

**A: Ms. White, this is the reception.
Mr. Kawase from Skyscraper Industries has just arrived.**

B: Thank you. Please have him wait for me there. I'll be right down.

A: Certainly.

訳

A: ホワイトさん、こちら受付です。 スカイスクレーパー工業の川瀬さまが、ちょうど今、こちらにいらっしゃいました。

B: ありがとうございます。受付でお待ちいただいてください。すぐに参ります。

A: かしこまりました。

【Words and Phrases】

- ☐ reception (desk)　受付
- ☐ industries　(industryの複数形) 工業

ここがポイント！

- Please have him wait for me there.のhaveは、使役動詞です。〈have+目的語（人）+ ～（動詞の原形）〉で、「目的語（人）に～させる／してもらう」という意味になります。
- be right downは、自分のいる場所から、下の階などにいる人のところへ降りて行くときに使います。

その他の使える表現！

すぐにそちらに参ります

▸I'll be right there.

▸I'm coming.

私のオフィスまで彼女にお越しいただいてもらえませんか？

▸Could/Can you send her to my office?

第5会議室まで彼をお連れしてください

▸Please take him to meeting room 5.

Right upは上の階に行く？

right downは下に降りて行くときに使うのですが、right upは「すぐに」という意味なので、フロアの高低は関係なく、「すぐに行く／向かう」というときに使います。飲食店などでウェイターやウェイトレスが注文を聞いたあとに、Coming right up!と、よく言いますが、これは「（料理や飲みものが）すぐに来る」、つまり、「すぐにお持ちします」「ただ今、出来上がります」という意味になります。

Chapter 2-1

電話を受ける

Scene 11 携帯電話に出る

音声とともに次の場面をロールプレイングします。覚えたフレーズを使ってみましょう。

A: Hi, Roger? It's me, Annie. Can you talk now?

B: Hi Annie. Sorry, I'm on the subway right now. Let me call you back when I get off. **Okay?**

A: Absolutely. Talk to you later.

訳

A: こんにちは、ロジャーさん？ 私です、アニーです。今、話せますか？

B: こんにちは、アニーさん。あいにく、今、地下鉄に乗っています。降りたらかけ直させてください。いいですか？

A: もちろんです。では、後ほど。

【Words and Phrases】

☐ on the subway　地下鉄で

☐ get off　降車する

☐ absolutely　(賛成の意で) もちろん

ここがポイント！

❶携帯電話に出ることができても、きちんと話せないことがあります。その状況を簡潔に説明し、どのように対応するのか、あるいはして欲しいのかを相手に伝えましょう。

その他の使える表現！

ちょうど電車に乗るところです
▶I'm just getting on the train now.

クライアントへ向かう車の中です
▶I'm in a car on my way to see a client.

ちょっと待ってください　建物から出ます
▶Just a moment. Let me step out of the building.

ちょっと待ってください　静かな所へ移動します
▶Hold on. I'll move to somewhere quiet.

オフィスから後ほど折り返します
▶I'll call you back later from my office.

数分なら話せます
▶I can talk for a few minutes.

→さらに！　Extra表現は137ページ

Scene 1 取り次ぎたい相手がいる

音声とともに次の場面をロールプレイングします。覚えたフレーズを使ってみましょう。

A: Who would you like to speak to?

B: Ken Scott, please.

A: Okay, I need to put you on hold. One moment, please.

B: No problem.

A: Thank you for holding. Ken is on the line now. Please go ahead.

訳

A: どなたにおつなぎしましょうか？

B: ケン・スコットさんをお願いします。

A: わかりました、一度保留にいたします。少々お待ちください。

B: 了解しました。

A: お待たせしました。ケンと電話がつながりました。お話しください。

【Words and Phrases】

☐ put ～ on hold　(電話で) 保留にして～を待たせる
☐ on the line　電話に出て

ここがポイント！

❶go aheadは命令文ですが、「さあどうぞ」と相手に行動を促す意味で使えます。失礼な表現ではありませんが、丁寧な印象を与えるようにするには、pleaseを最初に付けた方がいいでしょう。

その他の使える表現！

ただ今、おつなぎします

▶I'll put you through now.

責任者におつなぎします

▶I'll transfer you to the person in charge.

ブラウンさんにおつなぎいたします

▶Let me connect you to Mr. Brown.

すぐに彼女を呼んできます → 彼女に代わります

▶I'll get her for you right away.

すぐに参ります

▶She's on her way.

▶He'll be right with you.

▶He'll be with you in a moment.

お話しいただけます

▶You can talk now.

Chapter 2-2

電話を取り次ぐ

Scene 2 取り次ぎたい相手が話し中

音声とともに次の場面をロールプレイングします。覚えたフレーズを使ってみましょう。

A: Can I speak with Emily, please?

B: I'm sorry, but she's on another line at the moment. Would you like to hold, or shall I have her call you back?

A: How long will it take?

B: I don't think it'll be very long.

訳

A: エミリーさんとお話しできますか？

B: あいにく、ただ今別の電話に出ております。お待ちになりますか？ それとも、折り返させましょうか？

A: どのくらいかかりそうですか？

B: それほど長くはかからないと思います。

【Words and Phrases】

☐ on another line　他の電話に出て、話し中で
☐ take　時間がかかる

ここがポイント！

- 取り次ぎたい相手が他の電話に出ているときは、そのまま待ってもらう、本人から折り返させる、相手にかけ直してもらう、伝言を預かるなど、選択肢を提示します。なお、待ってもらう場合は、どのくらい待たせることになるのか、わかる範囲で伝えましょう。
- Shall I have her call you back? のhaveは、使役動詞です。〈have+目的語（人）＋～（動詞の原形）〉で、「目的語（人）に～させる／してもらう」という意味になります。shallは疑問文で、「～しましょうか？」という『提案』を表します。

Chap 2 基本編

その他の使える表現！

ただ今、話し中です
▶**His line is busy right now.**

あと数分だと思います
▶**It may take a couple of minutes.**

それほど長くかからないはずです
▶**It shouldn't be very long.**

申し訳ございませんが、どのくらいかかるのかわかりかねます
▶**I'm sorry, but I'm not sure how long it'll take.**

後ほどかけ直していただけますでしょうか？
▶**Could/Can you call her back later?**

伝言をお預かりしましょうか？
▶**May/Could/Can I take a message for her?**

Chapter 2-2

電話を取り次ぐ

Scene 3 取り次ぎたい相手がいない

音声とともに次の場面をロールプレイングします。覚えたフレーズを使ってみましょう。

A: Hello, is Nelson there?

B: I'm sorry, but he's away from his desk right now.

A: Okay, I'll call him back later. Probably in about 30 minutes.

B: Sure, I'll let him know you called.

A: Thank you.

訳

A: もしもし、ネルソンさんはいますか？

B: あいにく、ただ今席を外しております。

A: では、後ほどかけ直します。恐らく30分後くらいになります。

B: わかりました、電話があったことをお伝えしておきますね。

A: ありがとうございます。

【Words and Phrases】

□ away from ～　～から離れる
□ probably　たぶん、恐らく
□ in ～　～後に

ここがポイント！

❶取り次ぎたい相手がいない場合は、きちんと理由を伝えます。その際、I'm sorry、I'm afraid、Unfortunatelyを前に付けると、「あいにく」という残念な気持ちが伝わります。さらに、いつなら話せるのかなどの情報も、必要に応じて付け加えましょう。

その他の使える表現！

ただ今、席を外しております

▶**She's not at her desk right now.**

ただ今、オフィスにおりません → 外出中です

▶**She's out of the office now.**

ただ今、手が離せません

▶**He's not available right now.**

すぐに戻ります

▶**He'll be right back.**

何時に戻るのかわかりかねます

▶**I'm not sure when he'll be back.**

本日はお休みをいただいております

▶**She's off today.**

本日は退社いたしました

▶**He's left for the day.**

→さらに！ Extra表現は138ページ

Chapter 2-2
電話を取り次ぐ

Scene 4 同姓の者が複数いる

音声とともに次の場面をロールプレイングします。覚えたフレーズを使ってみましょう。

A: I'd like to speak to Mr. Sato, please.

B: Actually, we have two Satos here. Do you know his first name?

A: Unfortunately, I don't.

B: In that case, may I ask the purpose of your call?

訳

A: 佐藤さまをお願いしたいのですが。

B: 実は、佐藤は2人おります。ファーストネームはおわかりですか？

A: 残念ながら、わかりません。

B: それでは、ご用件を伺えますか？

【Words and Phrases】

☐ unfortunately　残念ながら、あいにく
☐ actually　実は
☐ in that case　その場合、もしそうなら

ここがポイント！

- 同姓の者が複数いる場合は、ファーストネームを確認します。また、男性と女性の両方いる場合は、男女どちらなのかを尋ねます。あるいは、所属部署や内線番号、用件を聞いてみます。
- 同姓同名の者が複数いることを表現するときは、Sato**s**「佐藤」、Melissa**s**「メリッサ」のように、苗字、名前を複数形にします。

Chap 2 基本編

その他の使える表現！

デビッドは2人おります

▶**There are two Davids here.**

どちらの鈴木でしょうか？

▶**Which Suzuki would you like to talk to?**

男性のジョンソンですか？　女性ですか？

▶**Is that Mr. Johnson or Ms. Johnson?**

ファーストネームは何でしょうか？

▶**What's her first name?**

どの課で勤務しているかおわかりですか？

▶**Which section does he work in?**

内線番号はおわかりですか？

▶**Do you know her extension number?**

Scene 5 該当する者がいない

音声とともに次の場面をロールプレイングします。覚えたフレーズを使ってみましょう。

A: Hello, can I speak to Joshua, please?

B: Excuse me, Joshua who?

A: Mr. Hill. Joshua Hill.

B: I'm afraid we don't have a Joshua Hill here.

訳

A: もしもし、ジョシュアさんをお願いできますか？

B: 恐れ入りますが、ジョシュアの苗字は何でしょうか？

A: ヒルさんです。ジョシュア・ヒル。

B: あいにく、ジョシュア・ヒルという者はこちらにはおりません。

ここがポイント！

- Joshua who?は、わからない部分、あるいは聞き逃した部分に直接疑問詞を置く、とてもカジュアルな言い方です。ただし、失礼な感じはしないので、ビジネスでも使うことができます。他にも、He said what?「彼が何と言ったのですか？」のように使います。
- a Joshua Hillのように、名前の前にaが付いているのは、「～という名前の人」という意味だからです。
- 該当する者がいないと伝える際、最初に、Excuse me、I'm afraid、I'm sorry、Unfortunately「失礼ですが」「あいにく」「恐れ入りますが」「残念ながら」を忘れずに言うようにしましょう。

その他の使える表現！

そのような名前の者はこちらにはおりません
▶There's no one/nobody here by that name.

柴田という者はこちらにはおりません
▶There's no Shibata here.

そのような名前の者の記録はございません
▶We have no record of anybody by that name.

ハーパーという名前の者はおりません
▶We have nobody here named Ms. Harper.

ジューンという名前の者はこの部署にはおりません
▶There isn't anyone named June in this department.

Chapter 2-2
電話を取り次ぐ

Scene 6 伝言を預かる

音声とともに次の場面をロールプレイングします。覚えたフレーズを使ってみましょう。

A: Hello, is Mr. Iwaki back yet?

B: I'm sorry, he's still at his client's. Would you like to leave a message?

A: Sure, please have him call me back by 4:00 today.

B: Certainly. I'll tell him to call you back by 4:00 this afternoon.

訳

A: もしもし、岩城さまはお戻りでしょうか?

B: あいにく、まだお客さまのところにいます。伝言を残されますか?

A: はい、今日の4時までに電話をくださるようお願いします。

B: かしこまりました。本日午後4時までに、折り返し電話をするようにお伝えいたします。

【Words and Phrases】

- □ leave a message　伝言を残す
- □ certainly　かしこまりました
- □ by ～　～までに

ここがポイント！

- 伝言を預かったときは、必ず復唱します。特に電話番号や日時などの数字は、間違えないように注意が必要です。なお、伝言を預かるのではなく、本人の留守番電話につないで、直接メッセージを残してもらう場合もあります。
- client'sの'sは、「店」や「家」などの場所を表します。従って、「お客さまのところ」という意味になります。他にも、I need to go to the dentist's.「歯医者（＝歯科医院）に行かなければなりません」のように使います。

その他の使える表現！

後ほど折り返し電話をするようにお伝えいたします
▶**I'll let him know to call you back later.**

あなたからのメッセージをお伝えします
▶**I'll give her your message.**

伝言をお預かりしましょうか？
▶**May/Could/Can I take a message?**

繰り返させていただきます
▶**Let me repeat that.**

こちらで間違いございませんね？
▶**Is that correct?**

必ずお伝えいたします
▶**I'll make sure he gets the message.**

→さらに！　Extra表現は138ページ

Track 025

Chapter 2-2

電話を取り次ぐ

Scene 7 折り返させると伝える

音声とともに次の場面をロールプレイングします。覚えたフレーズを使ってみましょう。

A: I'm sorry, she's out to lunch right now.

B: When will she be back? It's rather urgent.

A: I think she'll be back in about 20 minutes.
I'll have her call you back as soon as she returns. Would that be okay for you?

B: That would be helpful. Thanks.

訳

A: あいにく、ただ今、彼女はランチに出ています。

B: いつお戻りですか？ どちらかと言うと急ぎなのですが。

A: 20分ほどで戻ると思います。
戻り次第、折り返させます。それでよろしいでしょうか？

B: それは助かります。ありがとうございます。

【Words and Phrases】

□ rather むしろ、どちらかと言えば
□ urgent 緊急を要する
□ as soon as ～ ～するとすぐに
□ helpful 助けになる

ここがポイント！

- 「折り返しの電話をさせる」と言う場合、通常、使役動詞のhaveを用います。〈have+目的語（人）+～（動詞の原形）〉で、「目的語（人）に～させる／してもらう」という意味になります。
- as soon as she returns のように、〈as soon as ～〉の「～」の部分の動詞は、未来のことであっても現在形を用いることに注意して下さい。
- Would that be okay for you? のwouldは、控えめさを表しています。okayは、convenient「都合が良い」に置き換えることができます。

その他の使える表現！

電話が終わり次第、すぐに折り返させます
▶**I'll have her call you back as soon as she gets off the phone.**

折り返しの電話をさせましょうか？
▶**Shall I have him call you back?**

折り返しのお電話をご希望ですか？
▶**Would you like him to call you back?**

いつ頃お電話すればよろしいですか？
▶**When should she try to reach you?**

いつが最もご都合がよろしいですか？
▶**What is the best time to reach you?**

それでよろしいですか？
▶**Is that okay/all right?**

Scene 8 連絡先の電話番号を聞く

音声とともに次の場面をロールプレイングします。覚えたフレーズを使ってみましょう。

**A: This is Naomi Shima from Orange Travel.
Can I speak to Ms. Walker, please?**

B: I'm sorry, but she's out of the office today. Can I take a message?

**A: Sure, can you tell her to call me back?
Tomorrow will be fine.**

B: Absolutely. Does she have your number?

訳

A: オレンジトラベルの島奈緒美ですが、ウォーカーさんをお願いできますか？

B: あいにく、本日は終日外出しております。ご伝言をお預かりしましょうか？

A: はい、折り返しお電話をしてくださるよう、お伝え願えますか？
明日で結構です。

B: 承知しました。あなたのお電話番号は存じ上げておりますか？

【Words and Phrases】

□ absolutely　もちろんです→承知しました

ここがポイント！

- 相手が折り返しの電話を希望したときは、念のために連絡先の電話番号を確認しましょう。
- phone number「電話番号」は、多くの場合、numberだけで通じます。
- Absolutely.は、Yes.を強調する意味で用います。「了解しました」「もちろんです」などと訳せます。

覚えておきたい！　連絡先の電話番号を聞く表現！

あなたのお電話番号を存じ上げておりますか？

▶**Does she know your number?**

どちらの番号にかけ直させればよろしいでしょうか？

▶**Which number should he call?**

どちらに連絡すればよろしいでしょうか？

▶**Where can she reach you?**

お電話番号を教えていただけますか？

▶**May/Could/Can I have your number, please?**

ご連絡先の情報を教えていただけますか？

▶**Could/Can you give me your contact information, please?**

Chapter 2-2

電話を取り次ぐ

Scene 9 かけ直してもらう

音声とともに次の場面をロールプレイングします。覚えたフレーズを使ってみましょう。

A: Sorry to have kept you waiting. It seems to be taking a little longer than expected.

B: All right, I understand.

A: I'm terribly sorry, but would you mind calling him again tomorrow morning?

B: Sure. Just tell him that I called.

訳

A: お待たせして申し訳ございません。思ったよりも少しお時間がかかるようです。

B: そうですか、わかりました。

A: 大変申し訳ございませんが、明日の朝、またお電話をいただけないでしょうか？

B: わかりました。私から電話があったことだけお伝えください。

【Words and Phrases】

☐ keep ... ~ing　…に～させ続ける
☐ seem　～のようである
☐ take　時間がかかる
☐ than expected　思ったより
☐ terribly　ひどく、本当に

ここがポイント！

- 〈Would you mind ～?〉は、「～したら気になさいますか？→ ～していただけませんか？」という意味の、とても丁寧な『依頼』の表現です。「～」には動名詞が入ります。
- かけ直してもらうときは、I'm (terribly) sorry, but「(大変) 申し訳ございませんが」などと、ひと言付け加えましょう。

その他の使える表現！

後ほどおかけ直しいただいてもよろしいですか？

▶**May/Could/Can I ask you to call back again later?**

30分後におかけ直しいただけますか？

▶**Could/Can you call her back in half an hour?**

4時から5時の間にお電話いただけますと幸いです

▶**It would be great if you could call between 4:00 and 5:00.**

打ち合わせは1時頃終了しますので、それ以降、またお電話いただけますか？

▶**The meeting will end around 1:00. So, could/can you call back after that?**

Scene 10 携帯電話やその他の番号を教える

音声とともに次の場面をロールプレイングします。覚えたフレーズを使ってみましょう。

A: May I speak to Ms. Tazaki? I called earlier.

B: I'm sorry, but she hasn't returned yet.

A: I really need to contact her by the end of the day.

B: Well then, let me give you her cell number.

A: Thank you so much. I appreciate your help.

訳

A: 田崎さまをお願いできますか？　前にもお電話したのですが。

B: あいにく、まだ戻ってきておりません。

A: どうしても今日中に連絡を取る必要があるのですが。

B: では、彼女の携帯の番号をお伝えしますね。

A: ありがとうございます。助かります。

【Words and Phrases】

- □ earlier　以前
- □ by the end of the day　今日中に
- □ well then　それでは
- □ appreciate　感謝する、助かる

ここがポイント！

- letは使役動詞で、〈let＋目的語（人）＋～（動詞の原形）〉は、「目的語（人）に～させる」という意味になります。〈let me～〉「私に～させてください／させて欲しい」と、『許可』や『要望』を伝えるときによく使います。
- giveは、「（情報などを）伝える／知らせる」という意味です。

その他の使える表現！

携帯の番号をお伝えしましょうか？
▸**Shall I give you her mobile/cell number?**

新しい番号が必要ですか？
▸**Would you like his new number?**

直通番号をお伝えします
▸**Let me give you his direct number.**

090-1234-5678にかけてみてください
▸**Please try calling him at this number: 090-1234-5678.**

つながるはずです　電話に出るはずです
▸**He should be there.**

090-1234-5678で連絡がつきます
▸**He can be reached at 090-1234-5678.**

Track 029

Chapter 2-2

電話を取り次ぐ

Scene 11 携帯電話の番号を教えない

音声とともに次の場面をロールプレイングします。覚えたフレーズを使ってみましょう。

A: I'm afraid she's out of the office all day.

B: Can you give me her cell number then?

A: I'm very sorry, but we're not allowed to give out cell numbers. I'll have her call you back.

B: Okay, please tell her to call me whenever she has a chance then.

訳

A: あいにく、終日外出中です。

B: それでは、彼女の携帯電話の番号を教えていただけますか？

A: 大変申し訳ございませんが、携帯電話の番号はお伝えできないことになっております。折り返すようにお伝えいたします。

B: わかりました。それでは、時間のあるときにお電話いただけるよう、お伝えください。

【Words and Phrases】

□ then　それでは
□ allowed to ～　～することを許可されている
□ give out　公表する
□ whenever ～　～のときはいつでも
□ chance　機会

ここがポイント！

- 〈(be) allowed to 〜〉は、「〜することを許可されている」「〜する自由を持っている」という意味です。これを否定で用いると、会社の規則などにより教えることができないというニュアンスが伝わります。allowedは、supposedに置き換えることができます。〈(be) supposed to 〜〉は、「〜することになっている」という意味です。
- give out「公表する」「公にする」は、give「(情報などを) 伝える／知らせる」に置き換えることができます。
- whenever she has a chanceの直訳は、「いつでも機会があるときに」ですが、「時間のあるときに」「時間を見つけたら」という意味になります。

その他の使える表現！

携帯電話の番号は差し上げられません

▶**We're not supposed to give out cell numbers.**

彼の個人的な電話番号は差し上げられません

▶**We can't give out his personal number.**

ご連絡先をいただけますでしょうか？

▶**Could/Can you give me your contact number?**

代わりにあなたのお電話番号をいただけますか？

▶**May/Could/Can I have your number instead?**

携帯電話の番号は、アメリカ英語ではcell phone number、cell number、cellと言います。イギリス英語では、mobile phone number、mobile number、mobileです。

Track 030

Chapter 2-2

電話を取り次ぐ

Scene 12 (社内で)電話がかかっていることを知らせる

音声とともに次の場面をロールプレイングします。覚えたフレーズを使ってみましょう。

A: Daisy, there's a call from Mr. Garcia from NS Electronics about the sales promotion.

B: Thanks, which line?

A: He's on line 2.

B: Got it.

訳

A: ディジーさん、NSエレクトロニクスのガルシアさまから、セールスプロモーションの件でお電話です。

B: ありがとう。何番ですか?

A: 2番です。

B: 了解。

【Words and Phrases】

☐ line 2　(内線の)2番
☐ Got it.　わかった、了解

ここがポイント！

- 電話がかかっていることを知らせるときは、通常、相手の名前、会社や団体名などの所属、用件を伝えます。
- Got it.は、I got it.の「I」が省略された形です。getは、「理解する」という意味です。

その他の使える表現！

林さまから請求書の件でお電話です
▶**Mr. Hayashi is calling regarding the invoice.**

シモンズさまから打ち合わせの件でお電話です
▶**I have a call for you from Ms. Simmons about the meeting.**

レイチェルさんが２番でお待ちです
▶**Rachel's waiting for you on line 2.**

石田秀樹というお名前の男性からお電話です
▶**There's a man named Hideki Ishida on the line for you.**

野口さまがお待ちです
▶**Ms. Noguchi is on hold.**

ビル、あなたに電話です
▶**Bill, it's for you.**

Chapter 2-2
電話を取り次ぐ

Scene 13 上司／同僚に電話をつないでいいか確認する

音声とともに次の場面をロールプレイングします。覚えたフレーズを使ってみましょう。

A: Mr. Green, you have a call from Ms. Yamashita from Biological Tech about the inspection results. May I put her through?

B: I have to go to a meeting right now. I'll call her back in an hour.

A: Certainly. Do you have her contact number?

B: Yes. Thank you.

訳

A: グリーンさん、バイオロジカルテックの山下さまから、検査結果の件でお電話です。おつなぎしてもよろしいですか？

B: これから打ち合わせです。1時間後にかけ直します。

A: かしこまりました。連絡先の番号はご存じですか？

B: はい。ありがとう。

【Words and Phrases】

☐ inspection results 検査結果
☐ put ～through (電話で) ～をつなぐ
☐ contact number 連絡先の電話番号

ここがポイント！

●「(電話で) …に～をつなぐ」は、〈put ～ through to ...〉、〈connect ～ to/with ...〉、〈transfer ～ to ...〉のいずれかを使います。

その他の使える表現！

今、おつなぎしてもいいですか？

▶**Is it okay/all right to connect you with her now?**

おつなぎしてもよろしいですか？

▶**May/Could/Can I transfer him?**

電話にお出になられますか？

▶**Would you like to take the call?**

代わりに私が伺っておきましょうか？

▶**Shall I ask him for you?**

代理で私が説明しましょうか？

▶**Shall I explain on your behalf?**

今、席を外していると言っておきましょうか？

▶**Should I say you're not at your desk right now?**

スカイクレジットの大野さまのご紹介とのことです

▶**She said she was referred to you by Mr. Ono from Sky Credit.**

Scene 14 (社内で)受付から来客を知らせる

音声とともに次の場面をロールプレイングします。覚えたフレーズを使ってみましょう。

A: Mr. Anderson, this is the receptionist. Ms. Wilson from Miracle Holdings is here for her 1:30 appointment.

B: Thank you. I'll be right there.

A: Sure.

訳

A: アンダーソンさん、こちら受付です。ミラクルホールディングス社のウィルソンさまが、1時半のお約束でこちらにいらっしゃっています。

B: ありがとう。すぐに伺います。

A: 了解です。

【Words and Phrases】

□ receptionist　受付係
□ appointment　約束

ここがポイント！

appointmentは、「人との面会の約束」という意味です。医者や歯医者、美容師などの予約の際にも使います。例えば、I have a doctor's appointment this afternoon.「今日の午後、医者の予約があります」のようになります。なお、promiseは、「何かを行うことの約束／誓約」という意味なので、「面会の約束」には使えません。

その他の使える表現！

サンブックスの安藤さまが受付にお見えです
▶**Mr. Ando from Sun Books is here at the reception desk.**

リーさまが待合室でお待ちです
▶**Ms. Lee is here in the waiting room.**

オリビアさん、2時のお約束のタイラーさまがいらっしゃいました
▶**Olivia, your 2:00 appointment, Ms. Tyler is here.**

第1会議室にご案内いたしましょうか？
▶**Should I take him to meeting room 1 ?**

お約束はしていないとのことですが
▶**He said he doesn't have an appointment.**

「レストランやホテルの予約」はreservation、あるいはbookingを用います。

Scene 15 代わりの者に電話を取り次ぐ

音声とともに次の場面をロールプレイングします。覚えたフレーズを使ってみましょう。

A: Hello, is Doris there? This is Mika Hasebe from the Legal Department.

B: I'm afraid she's out all day and won't be back until 6:00.

A: Well, I'm calling about the admission form and I need to hand it in to the Labor Department by 1:00.

B: Let me have someone else speak with you on this matter.

訳

A: もしもし、ドリスさんいらっしゃいますか？　法務部の長谷部美香です。

B: あいにく、1日外出で、6時まで戻りません。

A: そうですか、申請書類の件なのですが、1時までに労働局に提出する必要があるのです。

B: では、この件に関して他の者に代わらせていただきます。

【Words and Phrases】

- □ admission form　申請書類
- □ hand ~ in to ...　～を…に提出する

ここがポイント！

- Let me have someone else speak with you on this matter.のletとhaveは使役動詞です。〈let/have+目的語（人）+ ～（動詞の原形）〉で、「目的語（人）に～させる／してもらう」という意味になります。この例文では、2つの使役動詞が使われています。
- on this matterは、about this matterに置き換えることができます。
- 通常、自分の会社の者にも、Mr.、Ms.のような敬称を付けます。

その他の使える表現！

この部署の誰か別の者におつなぎしましょうか？

▶**Shall I connect you to someone else in the department?**

この部署の誰か別の者におつなぎしてもよろしいですか？

▶**May/Could/Can I connect you to someone else in the department?**

彼女の課の誰か別の者とお話しされますか？

▶**Would you like to talk with someone else in her section?**

メイジャーが代わりに伺います

▶**Mr. Major will/can take the call instead.**

ジュリエットの代わりに、ケイがお話しします

▶**Kay will talk to you instead of Juliette.**

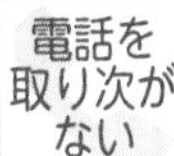

Scene 1 売り込み電話に対応する

音声とともに次の場面をロールプレイングします。覚えたフレーズを使ってみましょう。

A: May I speak to the sales manager?

B: Can I ask the purpose of your call?

A: I'd like to introduce our new translation service.

B: Thank you for calling, but we're not in need of such a service right now.

訳

A: 営業部長とお話しさせていただけますか？

B: ご用件は何でしょうか？

A: 弊社の新翻訳サービスをご案内差し上げたいのですが。

B: お電話ありがとうございます、しかし弊社は、現在、そのようなサービスを必要としておりません。

【Words and Phrases】

- ☐ sales manager　営業部長
- ☐ purpose　目的
- ☐ translation　翻訳
- ☐ in need of ～　～を必要として

ここがポイント！

- 商品やサービスなどの売り込み電話は、cold callと言います。上司や担当者からの指示や、自分の判断で断る場合、まず、お礼を言ってからはっきりと断る旨を伝えます。
- 丁重に断っても、相手が「お話だけでも…」となかなか引き下がらない場合は、その内容をメールで送ってもらい、その上でこちらから連絡すると伝えましょう。

その他の使える表現！

ご連絡ありがとうございます、しかし…

▶**Thank you for reaching out to us, but ....**

お電話ありがとうございます、しかし…

▶**We appreciate your call, but ....**

あいにく、興味がございません

▶**I’m afraid we’re not interested.**

残念ながら、納入先を変える予定はございません

▶**I’m afraid we have no plans to change our current supplier.**

すでに決まったお取引先がございます

▶**We already have a regular business partner.**

代わりにメールをお送りいただけますか？

▶**Could/Can you send us an email instead?**

もし興味があれば、こちらからご連絡差し上げます

▶**We’ll contact you if we’re interested.**

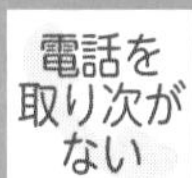

Scene 2 迷惑電話に対応する

音声とともに次の場面をロールプレイングします。覚えたフレーズを使ってみましょう。

A: Excuse me, who's responsible for your mid-career recruitment?

B: I'm sorry, but could you give me your name and the name of your company?

A: I'd like to speak with the person in charge directly.

B: I'm afraid it's our company policy not to transfer any calls without knowing the caller or the matter of business.

訳

A: すみません、御社の中途採用のご担当の方はどなたでしょうか？

B: 失礼ですが、お名前と御社名をいただけますか？

A: ご担当の方と直接お話ししたいのですが。

B: あいにく、どなたさまからのお電話なのか、あるいはご用件のわからないお電話は、弊社の規則でおつなぎできないことになっております。

【Words and Phrases】

☐ responsible for ～　～の担当で
☐ mid-career recruitment　中途採用
☐ matter of business　用件

ここがポイント！

- 迷惑な勧誘や情報を求めるような電話を、担当者につながずに撃退したいときの表現です。
- 「本人と直接話したい」と粘られても、「本人から指示を受けている」、あるいは、「会社の規則なので」とはっきり断ります。さらに、再び電話がないようリストから外すように求めるといいでしょう。

その他の使える表現！

あいにく、その情報は会社の規則でお伝えできないことになっています

▶**I'm afraid I'm not allowed to disclose that information due to our company policy.**

あいにく、私の一存ではその情報はお伝えすることができません

▶**I'm sorry, but I'm not at liberty to disclose that information.**

いかなる勧誘のお電話もお受けできません

▶**We're not allowed to take any solicitation calls.**

私が代わりにメッセージをお預かりし、必要に応じて本人から折り返させていただきます

▶**I'll take a message for him, and if necessary, he'll return your call.**

御社のリストから、当社を削除していただきたいのですが

▶**We'd like to be removed from your calling list.**

Chapter 2-4

電話をかける

Scene 1 自分の名前／会社名を名乗る

音声とともに次の場面をロールプレイングします。覚えたフレーズを使ってみましょう。

A: Good afternoon, ABC Inc.

B: Hello. This is Mai Yoshino from Pacific Food Company.

A: Hello, Ms. Yoshino. How may I help you?

B: I'm calling about the food sanitation control.

訳

A: こんにちは、ABC社です。

B: もしもし。パシフィックフード社の吉野麻衣ですが。

A: こんにちは吉野さま、ご用件は何でしょうか？

B: 食品衛生管理の件で、お電話しています。

【Words and Phrases】

□ food sanitation control　食品衛生管理

ここがポイント！

- 名乗るときは、通常、フルネーム、そして会社名を続けます。
- 「～社の」と伝える際の前置詞は、from、あるいはwithを用いるのが一般的です。
- 内線や携帯電話での通話など、明らかに相手に自分が誰だかわかっている場合は、This is Mai.、Mai speaking.のように、ファーストネームのみでの対応でも問題ありません。また、Hi, it's me.「もしもし、私だけど」と伝えることもあります。なお、電話で名前を名乗る場合は、〈This is ～〉を用いますが、このときは、This is me.とは言わないので注意してください。

その他の使える表現！

XYZ社の岡田久実と申します
▶**This is Kumi Okada from XYZ Corporation.**

ロータスミュージックの佐山宏樹と申します
▶**My name is Hiroki Sayama. I'm with Lotus Music.**

ジョン・ペリーと申します　シルバー商社から電話をしております
▶**This is John Perry. I'm calling from Silver Trading.**

Chapter 2-4
電話をかける

Scene 2 相手を呼び出す・取り次いでもらう

音声とともに次の場面をロールプレイングします。覚えたフレーズを使ってみましょう。

A: Planning Department. How can I help you?

B: May I speak to Mr. Hamaguchi, please?

A: Who's calling, please?

B: This is Annabel from the Research Department.

訳

A: 企画部です。ご用件は何でしょうか？

B: 浜口さんをお願いできますか？

A: どちらさまでしょうか？

B: 調査部のアナベルです。

【Words and Phrases】

☐ planning department　企画部
☐ research department　調査部

ここがポイント！

- 「話す」は、speak to/with、talk to/withのいずれも同じ位の頻度で使います。
- 「(電話で) …に～をつなぐ」は、〈put ～ through to …〉、〈connect ～ to/with …〉、〈transfer ～ to …〉のいずれも同じ位の頻度で使います。

その他の使える表現！

人事部のアイヴィー・トンプソンさまと連絡を取りたいのですが
▶**I'm trying to reach Ivy Thompson in H.R.**

ご担当の方とお話ししたいのですが
▶**I'd like to talk to the person in charge, please.**

マリアンさんはいらっしゃいますか？
▶**Is Marianne there?**

沙織さんはお手すきですか？
▶**Is Saori available?**

資材部につないでいただけますか？
▶**Could/Can you connect me to the Supplies Division?**

輸出部につないでいただけますか？
▶**Could/Can you put me through to the Export Department?**

この電話を内線105につないでいただけますか？
▶**Could/Can you transfer me to extension 105, please?**

Scene 3 代理で電話をかける

音声とともに次の場面をロールプレイングします。覚えたフレーズを使ってみましょう。

A: Hello, this is Yurika Hirose of the Administration Department.

B: Hello, Ms. Hirose. Could I ask the reason for your call?

A: I'm calling on behalf of Ms. Fisher. I'd like to speak with the manager. Is he available now?

B: Just a moment, please.

訳

A: もしもし、総務部の広瀬友梨佳です。

B: こんにちは、広瀬さん。どのようなご用件でしょうか？

A: フィッシャーさんの代理でお電話をしております。部長とお話しさせていただきたいのですが、今、お手すきでしょうか？

B: 少々お待ちください。

【Words and Phrases】

☐ administration department　総務部
☐ on behalf of ～　～の代理で

ここがポイント！

- 〈on behalf of ～〉は、「～の代理で」「～の代わりに」「～を代表して」という意味で、手紙やメールを代筆するときにも使います。例えば、On behalf of our section manager, I'm writing this email to you.「課長の代理でこのメールを書いています」のように用います。
- 〈on behalf of ～〉は、〈on ～'s behalf〉に置き換えることができます。
- 〈on behalf of ～〉の代わりに、〈for ～〉「～のために」を使うこともあります。

その他の使える表現！

島田の代理でお電話しています
▶**I'm calling on Mr. Shimada's behalf.**

当社の経営陣を代表してお電話しております
▶**I'm calling on behalf of our management.**

明日のお打ち合せの件で、シャーロットさんの代わりにお電話しています
▶**I'm calling for Charlotte regarding the meeting tomorrow.**

三木は本日お休みをいただいておりますので、代わりにお電話しております
▶**Mr. Miki is off today, so I'm calling for him.**

彼女のアシスタントをしております　代わりにお電話しております
▶**This is her assistant. I'm calling for her.**

彼の代わりでお電話をするように頼まれました
▶**He asked me to call you.**

Chapter 2-4

電話をかける

Scene 4 折り返しの電話をかける

音声とともに次の場面をロールプレイングします。覚えたフレーズを使ってみましょう。

A: Can I speak with Ms. Cole?

B: May I ask who's calling, please?

A: Shota Miura from the Personnel Department.

B: May I ask the purpose of your call?

A: Yes, I'm returning her call.

訳

A: コールさんをお願いできますか？

B: どちらさまでしょうか？

A: 人事部の三浦翔太です。

B: どのようなご用件か、伺ってもよろしいでしょうか？

A: はい、彼女からのお電話に折り返しています。

【Words and Phrases】

- ☐ personnel department　人事部
- ☐ purpose　目的
- ☐ return a call　電話を折り返す

ここがポイント！

❶ 〈return ～'s call〉は、「～からの電話に折り返す」という意味です。〈return a call from～〉とすることもできます。また、call back「電話をかけ直す」を使うこともできます。

その他の使える表現！

30分ほど前にお電話したのですが
▶**I called about 30 minutes ago.**

先ほどパウエルさまにお電話をしたのですが
▶**I called Ms. Powell earlier.**

午後2時にかけ直すことになっていましたが
▶**He asked me to call him back at 2:00 p.m.**

11時に折り返すように言われました　今、いらっしゃいますか？
▶**I was told to call her back at 11:00. Is she there?**

ジェンキンスさんはもう戻られましたか？
▶**Has Mr. Jenkins returned yet?**

リアムさんからたった今お電話をいただいたので、かけ直しています
▶**Liam just called me, so I'm returning his call.**

今朝、ご連絡をいただいたようなのですが
▶**He's been trying to reach me this morning.**

こちらの番号からお電話をいただいたようなのですが
▶**I received a call from this number.**

Chapter 2-4

電話をかける

Scene 5 携帯電話にかける

音声とともに次の場面をロールプレイングします。覚えたフレーズを使ってみましょう。

A: Hello?

B: Hello, is this Dylan's cell phone?

A: Yes. Who's calling, please?

B: This is Jun Nishida from R&K Law Firm. Can you talk now?

A: Sure.

訳

A: もしもし？

B: もしもし、ディランさんの携帯電話でしょうか？

A: そうです。どちらさまですか？

B: R&K法律事務所の西田純と申します。今、お話しできますか？

A: いいですよ。

【Words and Phrases】

☐ cell phone　携帯電話
☐ law firm　法律事務所

ここがポイント！

- 携帯電話にかける際は、相手が名乗らない場合もあるので、話したい相手で間違いないかどうか、まず確認しましょう。
- こちらの番号や名前を相手が登録している場合でも、念のために、名前と所属は伝えます。そして、用件を伝える前に、話せるかどうかを確認しましょう。（『相手が話せるかどうか確認する』p.102参照）

その他の使える表現！

アシスタントの方が、携帯電話の番号を教えてくれました

▶**Your assistant gave me your mobile/cell number.**

今、お話しするお時間はありますか？

▶**Do you have time to talk now?**

▶**Are you available to talk now?**

今、大丈夫ですか？

▶**Is this a good time?**

▶**Is this a good time to talk?**

Caller IDとは？

「発信者番号通知サービス」はcaller ID(=identification)と言います。例えば、I have caller ID, so I don't need to answer when they call.「発信者番号通知サービスを利用しているので、彼らから電話があっても出なくてすみます」のように使います。
なお、「非通知番号」はunlisted number、anonymous number、「知らない番号」はunknown numberと言います。unlistedは「伏せた」「公表しない」、anonymousは「匿名の」「名前を伏せた」という意味です。

Track 041

Scene 6 自宅の電話にかける

音声とともに次の場面をロールプレイングします。覚えたフレーズを使ってみましょう。

A: Hello?

B: Hello, is this the Evans residence?

A: Yes. Who's calling, please?

B: I'm very sorry to call you so late at night. My name is Stella Wilson. I'm a colleague of Matt's. Is he there?

A: Just a moment, please. I'll get him for you.

訳

A: もしもし?

B: もしもし、エバンスさまのお宅でしょうか?

A: そうです。どちらさまですか?

B: 夜遅くに大変申し訳ございません。ステラ・ウィルソンと申します。マットさんの同僚なのですが、ご在宅でしょうか?

A: 少々お待ちください。代わりますね。

【Words and Phrases】

☐ residence　居住
☐ colleague　同僚

ここがポイント！

- 自宅の電話は、the Evans residenceのように、〈the＋苗字＋residence〉で表します。residenceは「居住」「住宅」という意味です。
- I'll get him for you.のgetは、「連れてくる」「呼んでくる」という意味ですが、「電話を代わる」として使えます。
- 帰宅後や休暇中などに、やむを得ず自宅に電話をする場合は、申し訳ない気持ちをひと言添えましょう。

その他の使える表現！

こんなに朝早くに大変申し訳ございません

▶**I'm so sorry to call you this early in the morning.**

お休み中にお電話してすみません

▶**I'm sorry to call you on your day off.**

大変申し訳ございませんが、緊急です

▶**I'm very sorry, but this is urgent.**

Scene 7 用件を伝える

音声とともに次の場面をロールプレイングします。覚えたフレーズを使ってみましょう。

A: Hello, Ms. Okayama. What can I do for you today?

B: I'm calling about the exhibition that's starting tomorrow.

A: Sure, I'll put you through to Jill. One moment, please.

B: Thank you very much.

訳

A: こんにちは、岡山さま。今日はどのようなご用件でしょうか？

B: 明日開始の展示会の件で、お電話を差し上げております。

A: 了解しました、ジルにおつなぎしますね。少々お待ちください。

B: ありがとうございます。

【Words and Phrases】

□ exhibition　展示会

□ put ～through to ...　(電話で) …に～をつなぐ

ここがポイント！

❶〈call about 〜〉は「〜の件で電話をする」という意味です。現在進行形、あるいは、過去形を用います。また、「〜したくて（今）電話をしている」というときのwantは、〈I wanted to call you about 〜〉のように、必ず過去形で使います。

その他の使える表現！

来週のリオへの出張に関してお話ししたいのですが
▶**I'm calling to talk about our business trip to Rio next week.**

今朝話し合った内容に関して確認をしたいのですが
▶**I'm calling to confirm what we discussed this morning.**

新サービスについて話をしたいのですが
▶**I'd like to talk about the new service.**

5月と6月の支払いに関して確認をしたいのですが
▶**I'd like to confirm the payment in May and June.**

新しく就任された理事長さまへのごあいさつで、お電話を差し上げております
▶**I'm calling to say hello to your new director.**

ちょっとごあいさつでお電話しました
▶**I just wanted to say hi.**

ちょっとお礼を申し上げるためにお電話しました
▶**I just called to say thank you.**

Scene 8 相手が話せるかどうか確認する

音声とともに次の場面をロールプレイングします。覚えたフレーズを使ってみましょう。

A: Hello, this is Rie. Do you have a moment now?

B: Sure, I can spare a couple of minutes.

A: I'm sorry. I know you're busy.

B: That's all right. How can I help you?

訳

A: こんにちは、理恵です。今、少しお時間ありますか？

B: はい、数分だったら、大丈夫です。

A: お忙しいところすみません。

B: 大丈夫ですよ。ご用件は何でしょうか？

【Words and Phrases】

- ☐ a moment　一瞬→少しの時間
- ☐ spare　時間などを割く
- ☐ a couple of minutes　2～3分→数分

ここがポイント！

❗話したい相手が電話に出たとしても、いきなり本題に入るのではなく、念のために話せるかどうか確認します。また、どのくらいの時間があれば、こちらの用件が済むのかを、あらかじめ伝えておくといいでしょう。

その他の使える表現！

今、お時間ありますか？
▶**Do you have time now?**

今、話せますか？
▶**Can you/we talk now?**
▶**Do you have time to talk now?**

今、ご都合よろしいですか？
▶**Is this a good time?**

お仕事のお邪魔ではありませんか？
▶**Am I disturbing you?**

ほんの数分で終わります
▶**It'll take only a few minutes.**

もし都合が良くなければ、後ほどかけ直します
▶**If it's not a good time, I'll call you back later.**

何時にかけ直しましょうか？
▶**What time should I call you back?**

Chapter 2-4
電話をかける

Scene 9 相手が不在の場合、戻る時間を尋ねる

音声とともに次の場面をロールプレイングします。覚えたフレーズを使ってみましょう。

A: I'd like to speak with Max, please.

B: I'm sorry, but he's away from his desk right now.

A: Could you tell me when he'll be back?

B: Just a moment, please. Let me check with his team.

訳

A: マックスさんをお願いしたいのですが。

B: 申し訳ございませんが、ただ今、席を外しております。

A: いつごろ戻られるのかおわかりになりますか?

B: 少々お待ちください。彼のチームに聞いてみますね。

【Words and Phrases】

☐ check with ～　～に問い合わせる

ここがポイント！

- 相手が席を外していたり、出張中だったり、他の電話に出ていたりと、タイミングが合わないことはよくあります。何度も電話をかけ直すことを避けるため、戻る時間や出社する日時を確認しましょう。
- 急ぎの場合は、先方に連絡を取ってもらったり、可能であれば携帯電話にかけるなどします。

その他の使える表現！

いつごろ戻られるのかおわかりですか？
▶**Do you have any idea when she'll be back?**

いつお戻りの予定ですか？
▶**When is she expected to return?**

いつ戻られますか？
▶**When will he be back?**

連絡を取っていただくことは可能ですか？
▶**Is it possible to reach him?**

いつごろお電話をいただけますか？
▶**When can I expect her call?**

携帯電話にかけてみます
▶**I'll try his cell phone.**

Chapter 2-4

電話をかける

Scene 10 相手が不在の場合、伝言を残す

音声とともに次の場面をロールプレイングします。覚えたフレーズを使ってみましょう。

A: Could I speak to Camila, please?

B: I'm sorry but she's with a client right now.
Would you like to leave a message?

A: Sure. Please just tell her that I called.

B: Certainly.

訳

A: カミラさんをお願いできますか？

B: 申し訳ございませんが、ただ今、来客中です。伝言を残されますか？

A: はい、電話があったことだけ、お伝えください。

B: かしこまりました。

【Words and Phrases】

□ just　ちょっと、単に
□ certainly　かしこまりました

ここがポイント！

- please を用いた丁寧な命令文の〈Please tell +（人）+ that ～〉、あるいは〈Please tell +（人）+ to ～〉は、簡潔でわかりやすい『依頼』の表現です。伝言を残したいときによく使います。
- 〈Please tell +（人）+ that ～〉の that は、省略することがあります。

その他の使える表現！

お戻りになりましたらお電話くださいとお伝えください
▶**Please tell her to call me back when she returns.**

戻り次第、お電話くださるようにお伝えください
▶**Please tell him to call me as soon as he gets back.**

私の携帯に電話をいただけるようにお伝えください
▶**Please have him call my cell number.**

大至急お話ししたいことがあるとお伝えください
▶**Please tell her that I need to talk to her at her earliest convenience.**

後ほどかけ直すと伝えていただけますか？
▶**Could/Can you tell him that I'll call back later?**

電話を差し上げたことをお伝え願えますか？
▶**Could/Can you let him know that I called?**

Track 046

Chapter 2-4

電話をかける

Scene 11 折り返しの電話が欲しいと伝える

音声とともに次の場面をロールプレイングします。覚えたフレーズを使ってみましょう。

A: Hello, Yuka. This is Randy. Do you have a minute?

B: Sorry, Randy, I'm just on my way out for a meeting.

A: All right then. Could you please call me back when you finish the meeting?

B: Absolutely. Probably in an hour.

訳

A: こんにちは、ゆかさん。ランディです。今、お時間ありますか？

B: すみません、ランディさん。打ち合わせで、ちょうど出るところなんです。

A: それでは、打ち合わせが終わったら折り返していただけますか？

B: もちろんです。恐らく、1時間後になります。

【Words and Phrases】

- ☐ on one's way out　（部屋などから）出る途中で
- ☐ all right then　それでは
- ☐ absolutely　絶対に、もちろん
- ☐ probably　恐らく

ここがポイント！

- 〈call ～back〉「～に電話をかけ直す」は、〈return a call from～〉、あるいは、〈return ～'s call〉に置き換えることができます。いずれも「～からの電話に折り返す」という意味です。
- all right then、okay thenは、話を切り上げたり、まとめたりする際や別れ際に使います。訳は、「それじゃあ」「それでは」「では」などです。

その他の使える表現！

15分後にかけ直してください
▶**I'd like you to call me back in 15 minutes.**

あとで折り返していただけますか？
▶**Could/Can you get back to me later?**

いつごろお電話いただけますか？
▶**When can I expect your call?**

お電話くださるようにお伝え願えますか？
▶**Could/Can you ask her to give me a call?**

戻り次第、お電話くださるようにお伝えください
▶**Please tell her to call me as soon as she gets back.**

午後3時以降なら何時でも構いません
▶**You can call me anytime after 3:00 this afternoon.**

Chapter 2-4
電話をかける

Scene 12 相手が不在の場合、かけ直すと伝える

音声とともに次の場面をロールプレイングします。覚えたフレーズを使ってみましょう。

A: Hello, is Mr. Tomiyama available?

B: I'm afraid he's away from his desk at the moment. Would you like to leave a message?

A: Actually, I'm at a client's now, so I'll call him back again tomorrow morning. Say around 10:00?

B: Okay, I'll just let him know that you called then.

訳

A: もしもし、富山さまは、今、お手すきでしょうか？

B: あいにく、ただ今、席を外しております。メッセージを残されますか？

A: そうですか、実は今、お客さまのところにいますので、明日の朝、またお電話します。例えば、10時頃はどうでしょうか？

B: わかりました。それでは、お電話があったことだけお伝えしておきますね。

【Words and Phrases】

- □ available 手が空いて
- □ actually 実は
- □ say 例えば
- □ then それでは

ここがポイント！

- 特に伝言を残さずにかけ直す場合、できるだけいつごろかけるつもりなのかを伝えます。または、いつかけるのが良いか、相手の都合を確認します。
- Sayは、How about、What aboutに置き換えることができます。
- 特別な用事や急用ではないときは、It's nothing important.「大事な用ではありません」、It's nothing urgent.「急ぎではありません」などと伝えるといいでしょう。

その他の使える表現！

ランチの後にまた電話します
▶**I'll try him again after lunch.**

20分後にまた連絡を入れます
▶**I'll get back to her in 20 minutes.**

いつかけ直せばいいでしょうか？
▶**When should I call back?**

何時まで電話をしてもいいですか？
▶**How late can I call?**

いつお電話するのがいいか教えていただけますか？
▶**Could/Can you tell me a good time to call?**

いつならお手すきになるかおわかりですか？
▶**When do you think she'll be available?**

Track 048

Chapter 2-4

電話をかける

Scene 13 他にわかる人に代わってもらう

音声とともに次の場面をロールプレイングします。覚えたフレーズを使ってみましょう。

A: I'm calling to find out about your cancellation policy.

B: Unfortunately, I'm not familiar with your contract.

A: Okay. Is there someone else who can help me with this?

B: Please hold on a moment. I'll check with the section chief.

訳

A: キャンセルポリシーについて、伺いたいことがあるのですが。

B: 残念ながら、御社の契約に関してはよく存じ上げておりません。

A: そうですか。他にどなたか、この件についておわかりになる方はいらっしゃいませんか？

B: 少々お待ちください。課長に確認してみます。

【Words and Phrases】

- □ find out 明らかにする、確かめる
- □ cancellation policy キャンセルポリシー
- □ familiar with～ ～をよく知っている、～に詳しい
- □ check with ～ ～に確認する／相談する
- □ section chief 課長

ここがポイント！

- 〈help＋(人)＋with〜〉は、「〜で(人)を手伝う」という意味です。「〜がわかる」「〜の話ができる」などと訳すことができます。

その他の使える表現！

状況を理解されている方は、そちらにいらっしゃいますか？

▶**Is there someone there who understands the situation?**

この問題に取り組んでいる方は、そちらにいらっしゃいますか？

▶**Is there someone there who deals with these issues?**

この問題に関して、どなたか他の責任者とお話しできますでしょうか？

▶**May/Could/Can I speak to someone else who's responsible for this problem?**

この状況をご存じのどなたかに取り次いでいただけませんか？

▶**Could/Can you get me somebody who knows about the situation?**

Chapter 2-4

電話をかける

Scene 14 長く待たされている

音声とともに次の場面をロールプレイングします。覚えたフレーズを使ってみましょう。

A: Can you connect me with Mr. Ishiyama, please?

B: Sure. Just a moment, please.

B: I'm so sorry to have kept you waiting.

A: Actually, I have to go to a meeting soon.
How long do you think it'll take?

訳

A: 石山さんにつないでいただけますか？

B: はい、お待ちください。

B: お待たせして本当に申し訳ございません。

A: 実は、そろそろ打ち合わせに行かないといけないのですが。
あとどのくらいかかりそうでしょうか？

【Words and Phrases】

- □ connect ～ with … ～を…につなぐ
- □ keep ～ waiting ～を待たせ続ける
- □ take 時間がかかる

ここがポイント！

❶ 1回の保留は、30秒以内が目安と言われています。できるだけ相手を待たせないように心がけます。自分が長く待たされたときは、あとどのくらい待てばいいのかを尋ね、自分の時間も無駄にしないようにしましょう。

❶ 電話のたらい回しは避けるべきです。応対する相手が何人も代わり、そのたびに待たされることもあります。その際は、長く待たされていることを伝え、迅速な対応を促します。

その他の使える表現！

長くなりそうですか？
▸**Will it be long?**

どのくらいかかりますか？
▸**How long will it take?**

あとどのくらい待たなければならないのでしょうか？
▸**How much longer do I have to hold?**

2～3分待ちます
▸**I'll hold for a couple of minutes.**

すみません、5分後に出ないといけません
▸**Sorry, but I need to leave in 5 minutes.**

すみません、長く待たされているのですが
▸**Excuse me, I've been holding for a while.**

Track 050

Chapter 2-5

電話を切る

Scene 1 話を切り上げる／まとめる

音声とともに次の場面をロールプレイングします。覚えたフレーズを使ってみましょう。

A: So, could you please tell him that official permission has been granted?

B: Certainly. Is there anything else I can do for you today?

A: No, that's all. Thank you.

B: All right then, I'll be sure to give him your message.

訳

A: では、正式な許可が下りたことをお伝え願えますか？

B: かしこまりました。今日は他に何かご用件はございますか？

A: いいえ、以上です。ありがとうございます。

B: それでは、必ずメッセージをお伝えいたします。

【Words and Phrases】

☐ official　正式な
☐ permission　許可
☐ grant　正式に与える
☐ sure to ～　きっと～する

ここがポイント！

- anything elseは、「他に何か」という意味です。Is there anything else I can do for you?「他に何かあなたのために私にできることはありますか？→他に何かご用件はございますか？」と尋ねて、話を切り上げます。相手との関係によっては、Anything else?「他には？」と、カジュアルに聞く場合もあります。
- All right then, のようにthenを付けると「それでは」「さて」「では」と、ここで話を区切るということを示せます。All rightはOkayに置き換えることができます。また、伝言を預かった場合は、必ず伝える旨を付け加えましょう。

Chap 2 基本編

その他の使える表現！

以上でよろしいですか？

▶**Is that all?**

まだ他にお話しすべきことはありますか？

▶**Do we have anything else to cover?**

これで全部だと思います

▶**I think that's about it.**

それでは、そのようにお伝えします

▶**All right then, I'll tell her that.**

必ずメッセージをお伝えいたします

▶**I'll make sure he gets the message.**

→さらに！　Extra表現は140ページ

レストランなどの飲食店でスタッフは、Is there anything else I can get for you?「他に何かあなたのために持ってくることができるものはありますか？→他に何かご注文はございますか？」をよく使います。

Track 051

Chapter 2-5

電話を切る

Scene 2 感謝を伝えて話を終える

音声とともに次の場面をロールプレイングします。覚えたフレーズを使ってみましょう。

A: It was nice talking with you.

B: Likewise. Thank you for calling. You can call me anytime.

A: Thank you. We should talk more.

B: I agree. By the way, please give my best regards to your team.

A: Definitely. Bye now.

訳

A: お話しできて良かったです。

B: こちらこそ。お電話ありがとうございました。いつでも電話してくださいね。

A: ありがとうございます。もっと話し合うべきですよね。

B: そう思います。ところで、チームのみなさまによろしくお伝えください。

A: もちろんです。では、さようなら。

【Words and Phrases】

□ likewise　同じく、同様に
□ give one's (best) regards to ～　～によろしく伝える
□ definitely　間違いなく→もちろん

ここがポイント！

- It was nice talking with you. のtalkingは動名詞で、「話した」という『過去の行動』を表しています。これに対し、It's nice to talk with you. とto不定詞の場合は、「これから話す」という『未来の行動』になります。つまり「お話しできることが嬉しいです」という意味になります。
- 同様に、初めて会ったときには、It's nice to meet you.「会えて嬉しいです→初めまして」と伝え、会話を終えて別れるときには、It was nice meeting you.「お会いできて嬉しかったです」と伝えます。
- Please give my best regards to your team. をカジュアルな言い方にすると、Please say hello to your team.、あるいは、Please say hi to your team. になります。

その他の使える表現！

お話しできて良かったです
▶**Great talking with you.**

私のためにお時間を作ってくださって感謝しています
▶**I appreciate you making time for me.**

お時間ありがとうございました
▶**Thanks for your time.**

お電話をくださって嬉しいです
▶**I'm glad you called.**

みなさんによろしくお伝えください
▶**Say hello to everyone for me.**

→さらに！　Extra表現は140ページ

Track 052

Chapter 2-6

留守番電話

Scene 1　留守番電話にメッセージを残す

音声とともに次の場面をロールプレイングします。覚えたフレーズを使ってみましょう。

Hello, this is Yoshiki Hara from HIJ Press.
I'm calling about our meeting tomorrow.
Could you call me back as soon as you get this message? My contact number is 090-1234-5678.
Thank you.

こんにちは、HIJプレスの原芳樹です。明日の打ち合わせの件で、お電話しました。このメッセージを聞いたら、できるだけ早く折り返しお電話をいただけますか？　私の連絡先の電話番号は、090-1234-5678です。よろしくお願いします。

【Words and Phrases】

□ be calling about ～　～の件で電話をしているところ
□ contact number　連絡先の電話番号
□ get the message　伝言を受け取る／聞く

ここがポイント！

- 相手の留守番電話につながったら、無言で電話を切るのはルール違反です。緊急を要するもの、重要な案件以外は、基本的に自分の名前と会社名を名乗り、あらためてかけ直すというメッセージを残しましょう。
- 留守番電話に用件を残す場合は、できるだけ簡潔に述べます。また、相手が聞き取りやすいように、ややゆっくりめに話し、かつ、はっきりと発音をするように心がけましょう。そして、最後に「折り返して欲しい」など、どのような対応をしてもらいたいのかを明確に伝えます。

その他の使える表現！

お電話いただけますか？
▶Could/Can you give me a call?

今日の3時以降いつでも構わないので、折り返しお電話いただけますか？
▶Could you call me back later today? Anytime after 3:00 is fine.

お時間のあるときに、お電話ください
▶Please call me when you get a chance.

お伝えしなければならないことがあります
▶I have something I'd like to tell you.

ちょっとごあいさつでお電話しました
▶I just wanted to say hello.

後ほどかけ直します
▶I'll call you back later.

→さらに！　Extra表現は142ページ

Track 053

Chapter 2-6

留守番電話

Scene 2 応答メッセージを録音する

音声とともに次の場面をロールプレイングします。覚えたフレーズを使ってみましょう。

Hello, you've reached Kate Ross.
I'm not available right now. Please leave your name and contact number and your message after the tone. Thank you.

こんにちは、ケイト・ロスです。ただ今、手が離せません。発信音の後に、お名前、連絡先のお電話番号、そしてメッセージをお願いします。よろしくお願いします。

【Words and Phrases】

☐ available　手が空いて
☐ tone　発信音

ここがポイント！

- 一般的な応答メッセージは、名前を名乗ったあと、「電話に出ることができないので、連絡先と用件を残して欲しい」と言うだけで十分です。
- tone「発信音」は、beep「ビーッという音」に置き換えることができます。

その他の使える表現！

こんにちは、お電話ありがとうございます
▶**Hello, thank you for calling.**

あいにく、ただ今、電話に出ることができません
▶**I'm afraid I can't take your call right now.**

ただ今、席を外しております
▶**I'm currently away from my desk.**

あいにく、ただ今、電話が混み合っております
▶**Unfortunately, all our lines are busy at the moment.**

いったんお切りになって、後ほどおかけ直しください
▶**Please hang up and try to call again later.**

本日は営業を終了しました
▶**We've closed for the day.**

すぐに折り返しお電話いたします
▶**We/ I will return your call shortly.**

Track 054

Chapter 2-7

間違い電話

Scene 1 間違い電話を受けたとき

音声とともに次の場面をロールプレイングします。覚えたフレーズを使ってみましょう。

A: Hello, is this Blue Trading?

B: No, this is Ocean Corporation. What number are you trying to reach?

A: 045-1234-5678.

B: I'm afraid you have the wrong number.

A: Oh, I'm very sorry.

B: That's all right. Have a nice day.

訳

A: もしもし、ブルートレーディングさまですか？

B: いいえ、こちらはオーシャン社です。何番におかけですか？

A: 045-1234-5678です。

B: 残念ながら、番号をお間違えのようです。

A: あ、大変申し訳ございません。

B: 大丈夫ですよ。良い1日を。

【Words and Phrases】

☐ reach　(電話で) 連絡する

☐ the wrong number　間違い電話

ここがポイント！

- 「間違い電話」は、the wrong numberと言い、必ずtheが付きます。
- 間違い電話をかけてきた人から謝罪を受けたら、「いいですよ」「気にしないでください」などと返しましょう。

その他の使える表現！

番号をお間違えのようです
▶I think you have the wrong number.

何番におかけですか？
▶What number are you calling?

どなたとお話しされようとしていますか？
▶Who do you want to speak to?

ロビンという者はここにはおりません
▶There isn't anyone here named Robin.

そのような名前の者はここにはおりません
▶There isn't anyone here by that name.

番号は合っていますが、XYZ貿易ではございません
▶The number is correct, but this isn't XYZ Trading.

気にしないでください
▶Don't worry about it.

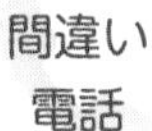

Scene 2 間違い電話をかけたとき

音声とともに次の場面をロールプレイングします。覚えたフレーズを使ってみましょう。

A: Is Ms. Serizawa there?

B: I'm sorry. There's no one here by that name.

A: Isn't this 03-1234-5678?

B: No, actually this is 03-1234-5688.

A: Oh, sorry about that. I have the wrong number.

訳

A: 芹沢さまは、いらっしゃいますか？

B: すみません。そのようなお名前の方はおりません。

A: そちらは、03-1234-5678ではありませんか？

B: いいえ、こちらは、03-1234-5688です。

A: ああ、失礼しました。番号を間違えました。

【Words and Phrases】

- □ actually　実のところ
- □ sorry about ～　～をすみません

ここがポイント！

❶間違い電話をかけてしまったときは、必ずきちんと謝ります。くれぐれも、無言で切ったりしないようにしましょう。ちなみに、「無言電話」はhung-up、「いたずら／迷惑電話」はprank callと言います。

その他の使える表現！

03-1234-5678ではありませんか？
▶Is this 03-1234-5678?

番号を間違えたに違いありません
▶I must have the wrong number.

間違えて電話をしてしまいました
▶I called you by mistake.

番号を確認させてください
▶Let me double-check the number.

お騒がせしてすみません
▶I'm sorry for bothering you.

間違えてすみません
▶Sorry for the mistake.

許してください → 失礼いたしました
▶Please forgive me.

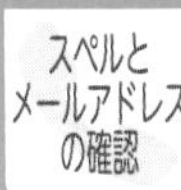

Scene 1 スペルの確認

音声とともに次の場面をロールプレイングします。覚えたフレーズを使ってみましょう。

A: May I have your name, please?

B: Yes, this is Zachary.

A: How do you spell that?

B: It's Z-A-C-H-A-R-Y. Z as in Zebra, A as in Apple, C as in Canada, H as in Hawaii, A as in Apple, R as in Robert, Y as in Yellow.

訳

A: お名前をいただけますでしょうか？

B: はい、ザッカリーです。

A: お名前のスペルをお願いできますか？

B: Z-A-C-H-A-R-Y。ZebraのZ、AppleのA、CanadaのC、HawaiiのH、AppleのA、RobertのR、YellowのYです。

【Words and Phrases】

☐ spell 綴る
☐ as in ～ ～にあるような

ここがポイント！

❶スペルを確認する際は、通常、誰もが知っている単語を例に出して、アルファベットをひとつひとつ読み上げていきます。spell「綴る」は、spell out「一字一字綴る」に置き換えることができます。

その他の使える表現！

お名前のスペルを教えていただけますか？

▶**Could/Can you spell your name for me, please?**

そのスペルを教えていただけますか？

▶**Could/Can you spell that out for me, please?**

《スペルの確認の際よく使われる単語一覧》

A: Apple, America	N: November, Nancy
B: Boston, Boy	O: Ocean, Oscar
C: Canada, Charlie	P: Paris, Peter
D: Denmark, Dog	Q: Queen, Quebec
E: Echo, Edward	R: Robert, Romeo
F: Florida, Foxtrot	S: Spain, Sugar
G: Golf, Germany	T: Tokyo, Tiger
H: Hotel, Hawaii	U: Uniform, Union
I: India, Italy	V: Victory, Victor
J: Japan, John	W: Washington, Whiskey
K: Kilo, King	X: X-ray
L: London, Lima	Y: Yellow, Yankee
M: Mexico, Mike	Z: Zebra, Zulu

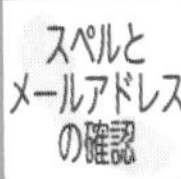

Scene 2 メールアドレスの確認

音声とともに次の場面をロールプレイングします。覚えたフレーズを使ってみましょう。

A: Could you give me your email address?

B: Sure, it's v-star937@abc.co.jp. All lower case.

A: Okay, let me repeat that. **b-star937@abc.co.jp,** correct?

B: No, v-star not b-star. V as in Victory.

訳

A: あなたのメールアドレスをいただけますか？

B: はい、v-star937@abc.co.jpです。全部小文字です。

A: わかりました、復唱させてください。b-star937@abc.co.jp、ですね？

B: いいえ、v-starです、b-starではありません。victoryのvです。

【Words and Phrases】

☐ lower case　小文字
☐ as in ～　～にあるような

ここがポイント！

- 「メールアドレス」は、email addressです。mail addressと言うと、「住所」と勘違いされる可能性があるので気を付けましょう。ちなみに、「住所」はmailing addressです。
- 「大文字」は、capital letter、caps、capital、upper case、upper-case character/letter、「小文字」は、lower case、lower-case character/letterです。

その他の使える表現！

あなたのメールアドレスを教えていただけますか？

▶**What's your email address?**

▶**Could/Can I have your email address?**

《よく使う記号の読み方一覧》

記号	日本語の呼び方	英語
「@」	アット、アットマーク	at、at sign/symbol
「.」	ドット、ピリオド	dot
「-」	ハイフン	hyphen
「_」	アンダーバー	underscore、underline
「/」	スラッシュ	(forward) slash
「\」	バックスラッシュ	back(ward) slash
「:」	コロン	colon
「~」	チルダ	tilde
「*」	アスタリスク、米印	asterisk、star
「#」	シャープ、ハッシュタグ	number sign、pound sign、hash

Track 058

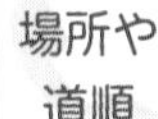

Chapter 2-9

場所や道順

Scene 1 場所や道順を聞く

音声とともに次の場面をロールプレイングします。覚えたフレーズを使ってみましょう。

A: Good afternoon, AE International. How may I help you?

B: Hello, this is Amelia Hill from the Hong Kong Branch. Could you give me the directions to the office, please? **I have a meeting there tomorrow.**

A: Certainly. How will you be coming? By train?

訳

A: こんにちは、AEインターナショナルです。ご用件をお伺いします。

B: もしもし、香港支社のアメリア・ヒルです。オフィスまでの道順を教えていただけますか？ 明日、そちらで打ち合わせがあります。

A: かしこまりました。どのようにしてお越しになりますか？ 電車でしょうか？

【Words and Phrases】

- □ branch (office)　支社
- □ directions　道順

ここがポイント！

❶ directionは「方向」という意味ですが、「道順」を表すときは、directionsと必ず複数形にします。

その他の使える表現！

御社までどのように行くのか教えていただけますか？
▶Could/Can you tell me how to get to your office?

御社のホームページに道順と地図はありますか？
▶Are there directions and a map on your website?

地図をメールで送っていただけますか？
▶Could/Can you email me a map?

最寄りの駅の名前は何ですか？
▶What's the name of the nearest station?

タクシーではどのくらい時間がかかりますか？
▶How long does it take by taxi?

何口を出ればいいでしょうか？
▶Which exit should I take?

すぐにわかりますか？
▶Is it easy to find?

御社の近くに何か目印になるものはありますか？
▶Are there any landmarks near your office?

→さらに！ Extra表現は142ページ

Chapter 2-9

場所や道順

Scene 2 場所や道順を伝える

音声とともに次の場面をロールプレイングします。覚えたフレーズを使ってみましょう。

A: I'm on my way to your office, and I just got off the train. Could you tell me how to get there from the station?

B: Of course. Take the North Exit and turn right. Go straight for two blocks. Then you'll see a ten-story brown building with a coffee shop on the first floor. We're on the fifth floor.

訳

A: 今、御社に向かっていて、ちょうど電車を降りたところです。駅からそちらまでどうやって行くのかを教えていただけますか？

B: もちろんです。北口を出て右へ曲がってください。そのまままっすぐ2ブロック進んでください。そうすると、1階にコーヒーショップが入っている10階建ての茶色いビルが見えます。そちらの5階になります。

【Words and Phrases】

- □ on one's way　（目的地の）途中で
- □ get off　（バスや電車から）降りる
- □ ～-story　～階建ての

ここがポイント！

- storyは「階」という意味の名詞ですが、a ten-story building「10階建てのビル」のようにハイフンが付くと形容詞になるので単数形です。名詞で用いる場合は、ten stories in the buildingと複数形になるので注意しましょう。
- 他にも、a five-minute walk「徒歩5分」の-minuteも形容詞なので単数形です。名詞で書き直すと、five minutes on footと複数形になります。

その他の使える表現！

電車で来られますか？　それともお車ですか？
▶Are you coming by train or car?

最寄りの駅からの道順を記載した地図を、メールでお送りいたします
▶I'll email you a map with directions from the closest station.

弊社はJRの東京駅の近くです
▶Our office is located near the JR Tokyo Station.

渋谷から銀座線にお乗りください
▶Please take the Ginza line from Shibuya.

A2出口を出てください
▶You should come/go out of Exit A2.

駅から徒歩約5分です
▶It's about a five-minute walk from the station.

→さらに！　Extra表現は145ページ

さらに！

Track 060

Extra表現 Chapter 2

さらにさまざまな場面で使える表現を身に付けましょう！
和文に対応する英文を作成し、声に出してくり返し練習していきましょう。

〈用件を聞く〉 p.37

1 この電話をかけている理由をお聞きしてもいいでしょうか？→ご用件は何でしょうか？

2 あなたのお電話の理由を伝えてもいいですか？→ご用件は何ですか？

〈自分宛ての電話に出られないと伝える〉 p.47

1 ちょうど外出するところと伝えてください

2 手が離せないと伝えてください

〈携帯電話に出る〉 p.53

1 すみません、長くは話せませんが

2 書き留められないので、その内容をメールで送っていただけませんか？

Chap 2 基本編

May/Could/Can I ask the reason you're calling?

May/Could/Can I tell him the reason for your call?

Tell her I'm just on my way out.

Please tell him I'm not available.

Sorry, I can't talk long.

Could/Can you email that to me as I can't write it down?

〈取り次ぎたい相手がいない〉 p.59

Track 061

1 打ち合わせ中です

2 まだ出社しておりません

3 まもなく出社予定です

4 木曜日まで出張中です

5 ただ今、ランチに出ています

6 ただ今、休憩中です

7 ロンドン支社に転勤になりました

8 すでに退職しております

9 電話があったことをお伝えいたします

〈伝言を預かる〉 p.65

1 伝言はございますか？

2 確認させていただきます

She's in a meeting.

She hasn't come in yet.

She'll be in any minute.

He's out of town until Thursday.

He's out to lunch right now.

She's on a break now.

She's been transferred to the London branch.

She's no longer with us.

I'll tell her you called.

Do you have a message for her?

Let me confirm that.

3 正しく理解しているか確認させてください

〈話を切り上げる／まとめる〉p.117 Track 062

1 お手数おかけしてすみませんでした

2 お仕事中失礼しました

3 お忙しいでしょうから、あなたを解放しますね
→ そろそろ失礼します

4 行かなくては → 電話を切ります

5 仕事に戻らないといけません

6 あいにく、他の電話が入りました

〈感謝を伝えて話を終える〉p.119

1 また来週お電話します

2 またすぐにご連絡します

3 後ほどメールをお送りします

Let me make sure I have that right.

I'm sorry to have troubled you.

I'm sorry to bother you during work.

I know you're busy, so I'll let you go.

I'd better get going.

I have to get back to work.

I'm sorry, but I have another call coming in.

I'll call you again next week.

I'll be in touch again soon.

I'll email you later.

4 近いうちに会いましょう

5 後ほどお話ししましょう

6 さようなら

〈留守番電話にメッセージを残す〉 p.121 Track 063

1 都合の良いときに、お電話いただけますか？

2 お客さまに会う前に、話し合っておくことがあります

3 緊急です

4 重要です

〈場所や道順を聞く〉 p.133

1 御社までどうやって行けばいいでしょうか？

2 駅から歩いて行けますか？

3 迷っていると思います

See you soon.

Talk to you later.

Have a good one.

Could/Can you call me when it's convenient?

There's something we need to discuss before meeting with the client.

It's urgent.

It's important.

How do I get to your office?

Can I walk from the station?

I think I'm lost.

4 行き過ぎたかもしれないです

5 この道で合っていますか？

6 もしまたわからなくなったら、電話します

〈場所や道順を伝える〉 p.135　　Track 064

1 この辺りの地理に詳しいでしょうか？

2 その道をまっすぐ行ってください

3 1つ目の信号を右に曲がってください

4 道なりに200メートルほど、そのまま進んでください

5 郵便局の隣にございます

6 エレベーターで、18階まで上がってきてください

7 まっすぐ行くと左側にございます

8 すぐにおわかりになります

9 少しわかりづらいかもしれません

I think I might have gone too far.

Is this the right way to go?

If I get lost again, I'll call you.

Are you familiar with this area?

Go straight down that street.

Turn right at the first traffic light.

Keep going for about 200 meters.

It's next to the post office.

Take the elevator and come up to the 18th floor.

Go straight ahead and you'll see it on your left.

You can't miss it.

It may be a little difficult to find.

あいづちの表現①

円滑なコミュニケーションを図るためにかかせないのが、相づちです。しかし、英語での相づちは、使い慣れていないととても難しいものです。単に「ちゃんと聞いていますよ」というつもりで“Yes.”を連発すると、「了解しました」という承諾にとられ、トラブルになることもあります。また、どう反応していいのかまったくわからず無言になってしまうと、聞いていないのか、あるいは聞こえていないのかと、相手を不安な気持ちにさせてしまいます。このようなことを防ぐために、特に電話の場合は顔が見えないので、声に出して反応することが重要です。相手の話をしっかり聞き、まずは簡単なあいづちを打てるようになりましょう。そして徐々にレパートリーを増やしていってください。上手に相づちが打てるようになると、ビジネスでもプライベートでも、会話がどんどんはずみます。

Chapter 3
応用編

Chapter 3-1

会社へ連絡する

Scene 1 遅刻

仕事でよく使われる表現です。音声をくり返し聞いて覚え、会話で使いこなせるようにしましょう。

A: Merchandise Department. How may I help you?

B: Hello, this is Hiromi.

A: Hi Hiromi, what can I do for you?

B: The train's running late, so I'll be about 30 minutes late. I'm sorry.

A: Okay, see you soon.

訳

A: 商品部です。ご用件を伺います。

B: もしもし、裕美です。

A: 裕美さん、どうしましたか？

B: 電車が遅れているので、30分ほど遅刻します。すみません。

A: わかりました、では後ほど。

【Words and Phrases】

☐ merchandise department　商品部
☐ run/be late　（予定より）遅れる

ここがポイント！

- すぐにできない場合もありますが、遅刻の連絡はできるだけ迅速に入れ、手短に用件だけ伝えます。出社してから、詳しく説明しましょう。なお、自分の過失でなくても、遅刻する、あるいは遅刻したことに関して謝罪をします。
- run/be lateは「（予定よりも）遅れる」という意味です。The train's running late.は、I'm running late.とすることもできます。
- delayed「遅延して」を用いた、The train has been delayed. もよく使います。
- What can I do for you?の直訳は「あなたのために私は何ができますか？」ですが、ここでは「用件は何ですか？→どうしましたか？」としました。

その他の使える表現！

10分遅刻します
▶I'm going to be 10 minutes late.

あと15分で着きます
▶I'll be there in 15 minutes.

今、向かっています
▶I'm on my way.

遅くとも9時45分には到着できるはずです
▶I should be there by 9:45 at the latest.

間に合いそうもありません
▶I won't make it on time.

飛行機／バス／電車が遅れました
▶The plane/bus/train was late.

→さらに！ Extra表現は240ページ

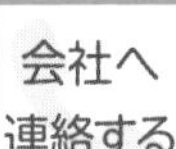

Scene 2 欠勤

仕事でよく使われる表現です。音声をくり返し聞いて覚え、会話で使いこなせるようにしましょう。

A: Good morning Ms. Evans. This is Yohei. I'm afraid I've come down with a cold. I've had a slight fever and cough since last night.

B: Oh, no! Are you okay?

A: Yes, I'm okay, but I'd like to take the day off today just in case.

訳

A: エバンスさん、おはようございます、陽平です。残念ながら、風邪をひいてしまいました。昨晩から微熱と咳が出ています。

B: えぇ！　大丈夫ですか？

A: はい、大丈夫です、でも、念のために、本日はお休みさせていただきたいのですが。

【Words and Phrases】

- □ come down with ～　～（＝病気）にかかる
- □ slight fever　微熱
- □ cough　咳
- □ just in case　念のために

ここがポイント！

- 欠勤の連絡は、通常、直接直属の上司に入れます。上司が不在の場合は、伝言を預け、できればメールでフォローしておき、改めてかけ直します。
- 仕事のやり取りのほとんどが、メールやライン、チャットなどになってきている企業や団体は多くなっていますが、欠勤の連絡は基本的に電話で行います。当日欠勤しなくてはならない場合は、始業の10分ほど前にかけましょう。

その他の使える表現！

インフルエンザにかかりました
▶I've come down with the flu.

風邪をこじらせてしまいました
▶I've caught a bad cold.

体調不良です
▶I'm not feeling well.

高熱があります
▶I have a high fever.

本日、病欠いたします
▶I'm taking a sick day today.

明日、検査となりましたので、お休みさせていただきます
▶I'm having a medical checkup tomorrow, so I'll take the day off.

→さらに！ Extra表現は240ページ

Chapter 3-1

会社へ連絡する

Scene 3 早退

仕事でよく使われる表現です。音声をくり返し聞いて覚え、会話で使いこなせるようにしましょう。

A: Hi, this is Misa. Do you have a minute?

B: Sure. What's wrong? You sound very tired.

A: Actually, I'm not feeling very well. Can I take the rest of the day off? I'd like to go to the clinic before it closes.

B: Absolutely. Please take care and message me when you get home.

訳

A: もしもし、美沙です。今、お時間よろしいでしょうか？

B: はい、どうしましたか？　とても疲れているように聞こえますけど。

A: 実は、体調があまりすぐれません。今日は早退してもいいでしょうか？　閉まる前に診療所に行きたいのですが。

B: もちろんです。お大事にしてください。そして、帰宅したら連絡をくださいね。

【Words and Phrases】

☐ sound ～　～に聞こえる
☐ the rest of the day　その日の残りの時間全部
☐ message　［動詞］携帯やパソコンからショートメッセージを送る

ここがポイント！

❶〈take ～ off〉は、「仕事から離れる」「休暇を取る」「休みにする」という意味です。「～」の部分に、『期間』を入れます。例文の場合は、the rest of the day「その日の残りの時間全部」なので、「早退する」になります。他にも、take a day/week off「１日／１週間休む」のように使います。takeは、getに置き換えることができます。

その他の使える表現！

早退します

▶**I'm leaving early.**

▶**I'm going home early.**

▶**I'm calling it a day.**

病気休暇の一部を使います

▶**I'm using some of my sick leave.**

半日休暇を取ります

▶**I'm taking a half day off.**

半日休暇を取らせていただけますか？

▶**May/Could/Can I get a half day off?**

Chap 3 応用編

ずる休みは？

「ずる休みをする」は、play hookyです。特に学校をさぼるときに使うカジュアルな表現です。やや古めかしい表現になります。

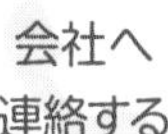

会社へ連絡する

Scene 4 直行・直帰

仕事でよく使われる表現です。音声をくり返し聞いて覚え、会話で使いこなせるようにしましょう。

A: Good morning, this is Toru.

B: Good morning, Toru. How can I help you?

A: I'm planning to go directly to a client's today, and then straight home after that. Will that be okay?

B: I think that should be fine, but let me check our meeting schedule to see whether there have been any changes.

訳

A: おはようございます、亨です。

B: おはようございます、亨さん。用件は何でしょうか？

A: 今日は取引先に直行し、終わったら直帰しようと思っています。よろしいでしょうか？

B: 問題ないと思いますが、ミーティングのスケジュールに変更がないかどうか、確認させてください。

【Words and Phrases】

☐ directly まっすぐ、そのまま
☐ go straight home まっすぐ帰る
☐ see 調べてみる、確かめてみる

ここがポイント！

- 日本語の「直行・直帰」に直接的に相当する英単語はありません。また、NR(=No Return)は、和製英語ですので通じません。注意しましょう。
- client'sは、client's officeが省略された形です。

その他の使える表現！

今日は出社しません → 直行直帰です
▶I'm not coming to the office today.

今、お取引先にいます。本日、社には戻りません
▶I'm at a client's. I'll be out of the office for the rest of the day.

打ち合わせの後、社には立ち寄りません
▶I'm not coming back to the office after the meeting.

取引先へ行った後、社には戻りません
▶I won't return to the office after going to see the client.

オフィスには戻らず直帰します
▶I'll go straight home without coming to the office.

もう１社寄ったら、直帰します
▶I'll go home directly after visiting one more client.

Track 069

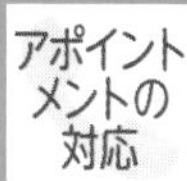

Scene 1 アポイントメントを取る

仕事のアポイントの対応を学びましょう。くり返し練習し、スムーズなやりとりができるようにしましょう。

A: I'd like to make an appointment with Mr. Morgan to discuss our new project. Could you put me through to him?

B: Certainly. Just a moment, please.

C: William Morgan speaking.

A: Hello, Mr. Morgan. This is Yuka Saito from Fresh Farm. I'm calling to set up a meeting to discuss our new project.

訳

A: モーガンさまと、弊社の新プロジェクトの件で、アポを取りたいのですが。つないでいただけますか？

B: かしこまりました。少々お待ちください。

C: ウィリアム・モーガンですが。

A: もしもし、モーガンさん。フレッシュファームの斉藤由佳です。弊社の新プロジェクトの件でお打ち合せをお願いしたく、お電話をしております。

ここがポイント！

- 日本語では「アポ」「アポイント」と省略して言うことが多いですが、英語では省略することはなく、必ずappointmentと言います。
- make an appointmentは「(人と) 会う約束をする」、set up a meetingは、「打ち合わせ／会議を設定する」という意味の決まった表現です。

その他の使える表現！

当社のプロジェクトの件で、打ち合わせをしていただくことはできますでしょうか？

▸**Would it be possible to set up a meeting to discuss our project?**

アポイントメントを設定させていただきたく、お電話をしております

▸**I'm calling to schedule an appointment with him.**

お時間があれば、お会いしたいのですが

▸**If you have time, I'd like to meet with you.**

明日、会っていただくことはできますか？

▸**Is there any chance you could see me tomorrow?**

もし可能であれば、お伺いしたいのですが

▸**I'd like to visit you, if possible.**

直接お会いしてお話しをさせていただきたいのですが

▸**I'd like to talk with you in person.**

Track 070

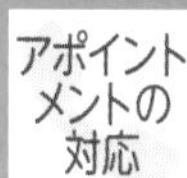

Scene 2 日時と場所を決める

仕事のアポイントの対応を学びましょう。くり返し練習し、スムーズなやりとりができるようにしましょう。

A: Would it be possible to meet with you and talk more about the promotion campaign?

B: Of course. When would you be available?

A: Whenever it's convenient for you is fine with me.

B: How about tomorrow afternoon at your office? Say around 3:00 p.m.?

A: Sure, that works for me, too.

訳

A: 直接お会いして、販売促進キャンペーンについてもっとお話しすることができますか？

B: もちろんです。いつがご都合よろしいですか？

A: あなたのご都合のよろしいときで結構です。

B: 明日の午後、御社ではいかがでしょうか？　例えば、午後3時ごろはどうでしょうか？

A: はい、私も都合がいいです。

【Words and Phrases】

☐ say　例えば

☐ work for ～　（スケジュールの日時が）～にとって都合がいい

ここがポイント！

❶こちらからアポイントメントを申し込んだ場合は、できるだけ相手の都合を優先した上で、具体的な日時を提案します。

その他の使える表現！

今週お会いできますか？
▶**May I see you sometime this week?**

もしお時間があれば、本日お会いしたいと思いまして
▶**If she has time, I'd like to meet her today.**

来週お目にかかれないかと思いまして
▶**I was wondering if we could arrange a meeting next week.**

来週で、お時間が取れる日はございますか？
▶**Is there a day you're available next week?**

あいにく、水曜日は1日ふさがっております
▶**I'm sorry, but I'll be tied up all day on Wednesday.**

あいにく、その日は先約があります
▶**I'm sorry, but I have another appointment that day.**

他にご都合がよろしい日はありますか？
▶**Are there other days you're available?**

日程が決まり次第ご連絡いたします
▶**I'll let you know as soon as we decide on the date.**

→さらに！ Extra表現は240ページ

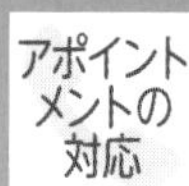

Scene 3 変更／キャンセルする

仕事のアポイントの対応を学びましょう。くり返し練習し、スムーズなやりとりができるようにしましょう。

A: I'm supposed to meet Ms. Brooks tomorrow at 3:00 p.m. I'm terribly sorry, but would it be possible to change the date?

B: Certainly. Let me check her schedule.

A: Thank you very much. I just found out that I have an unexpected meeting to attend tomorrow afternoon.

訳

A: ブルックスさまに、明日の午後3時にお会いすることになっております。大変申し訳ございませんが、日にちを変更していただくことは可能でしょうか？

B: かしこまりました。スケジュールを確認いたしますね。

A: ありがとうございます。明日の午後、予定外の会議に参加しなければならなくなりました。

【Words and Phrases】

- □ be supposed to ～　～するつもりで
- □ find out　知る、わかる
- □ unexpected　予定外の

ここがポイント！

- アポイントメントを変更、キャンセルする必要が生じたときは、できるだけ早く伝えるとともに、丁寧に謝罪し、理由を伝えます。
- 変更、キャンセルの理由は、相手に失礼にならないよう配慮を忘れないことが大切です。「寝坊をした」や「他社との打ち合わせを優先することにした」など、正直に伝えない方がいい場合もあります。
- 〈Would it be possible to ～?〉「～することは可能でしょうか？」「～していただけませんか？」は、非常に丁寧な『依頼』の表現です。

その他の使える表現！

お約束の時間変更を、お願いしてもよろしいでしょうか？

▶May/Could I ask you to change our meeting time?

お約束を水曜日から金曜日へ変更していただけませんか？

▶Is there any way we could move our appointment from Wednesday to Friday?

大変申し訳ないのですが、体調不良のため、打ち合わせをキャンセルさせていただきます

▶I'm sorry, but I need to cancel our meeting because I'm not feeling well.

あいにく、急用が入りました

▶I'm afraid something urgent has come up.

大変申し訳ないのですが、出張の予定が変わりました

▶I'm afraid my business trip schedule has been changed.

→さらに！　Extra表現は242ページ

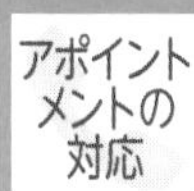

Scene 4 アポイントメントを断る

仕事のアポイントの対応を学びましょう。くり返し練習し、スムーズなやりとりができるようにしましょう。

A: I'd like to meet with you to introduce our new product. Could you give me about 30 minutes sometime this week if possible?

B: I'm sorry, but my schedule is full this week.

A: I see. Are there any other weeks you're available?

B: Let's see. How about the second week of next month?

訳

A: 弊社の新製品についてご案内を差し上げたいので、お会いしたいのですが。可能であれば、今週、30分ほどお時間をいただけないでしょうか？

B: あいにく、今週はスケジュールがいっぱいです。

A: そうですか。他に空いている週はございますか？

B: そうですね、来月の第２週はいかがでしょうか？

【Words and Phrases】

- ☐ if possible　可能であれば
- ☐ full　限度いっぱいの

ここがポイント！

- アポイントメントを断るときは、I'm afraid、I'm sorry、Unfortunatelyなどを用いて、残念な気持ちを表すといいでしょう。また、理由を説明し、代替案があれば提示します。
- I see.は、「理解した」という意味で、「わかりました」「なるほど」「そうですか」「そうなんだ」「わかった」など、さまざまに訳すことができます。
- Let's see.は「えぇと」「うーん」のように、ちょっと考えるときに使います。Let me see.に置き換えることができます。

その他の使える表現！

あいにく、その日は他の用事が入っています
▶**Unfortunately, I have another appointment that day.**

あいにく、1日外出予定になっています
▶**I'm afraid I'll be out of town all day.**

その件に関してお会いするのに、私は適任者ではございません
▶**I'm not the right person for you to see about that issue.**

人事部の者に連絡を取られた方がいいと思います
▶**You should probably contact someone in the Personnel Department.**

別の機会にしていただけませんか？
▶**Could we make it another time?**

ほかの週でご都合はいかがですか？
▶**Are you available another week/any other week?**

Chapter 3-3
さまざまな問い合わせへの対応

Scene 1 営業日・営業時間

さまざまな問い合わせや商品、サービスの対応です。電話の受け答え、どちらもできるよう練習を重ねましょう。

A: Mars Computer. How may I help you?

B: Hello, could you tell me your business hours, please?

A: Certainly. We're open from 9:00 a.m. until 5:00 p.m. on weekdays, and from 9:00 a.m. to 3:00 p.m. on weekends and public holidays.

B: Okay. Thank you so much.

訳

A: マーズコンピューターです。ご用件をお伺いいたします。

B: もしもし、御社の営業時間を教えていただけますか？

A: かしこまりました。平日は午前9時から午後5時まで、土日、祝祭日は午後3時までになります。

B: わかりました。ありがとうございました。

【Words and Phrases】

☐ weekdays 平日
☐ public holiday 祝祭日

ここがポイント！

- 「営業日」は、business dayと言います。
- 「営業時間」は、business hours、hours of operationと言います。カフェやバー、レストランなどでは、通常、opening hoursやopening times を用い、ショッピングモールなどではshopping hoursも使います。また、事務所や大学などの業務時間は、office hoursを使います。
- openは、動詞の「開く」「営業する」と、形容詞の「開いている」「営業中の」の、２つの品詞がありますが、反意語は、それぞれ、close「閉まる」、closed「閉まって」ですので注意しましょう。

その他の使える表現！

営業日を教えてください

▶**What are your business days?**

定休日はいつですか？

▶**When are you closed?**

いつ営業していらっしゃいますか？

▶**When are you open?**

土日、祝祭日はお休みをいただいております

▶**We're closed on weekends and public holidays.**

「24時間営業」「年中無休」は、24-7、24/7と書きます。読み方は、twenty-four sevenで、twenty-four hours a day, seven days a week「1日24時間、1週間に7日」を短くしたものです。

Track 074

Chapter 3-3

さまざまな問い合わせへの対応

Scene 2 商品やサービス

さまざまな問い合わせや商品、サービスの対応です。電話の受け答え、どちらもできるよう練習を重ねましょう。

A: I'm calling to ask you about your new software that I saw advertised in the train.

B: Thank you for your inquiry. Let me connect you with the person in charge. Please hold.

A: Okay.

訳

A: 電車の広告にあった御社の新しいソフトウエアについて伺いたく、お電話をしております。

B: お問い合わせありがとうございます。担当者におつなぎいたしますので、少々お待ちくださいませ。

A: わかりました。

【Words and Phrases】

☐ call to ask ... about ～　～について尋ねるために…に電話をする
☐ advertised　宣伝された、広告された
☐ inquiry　問い合わせ

ここがポイント！

- 〈I'm calling to ask you about ～〉は、〈I'd like to ask you about ～〉、〈Could/Can I ask you about ～?〉に置き換えることができます。
- I'm calling to ask you about your new software that I saw advertised in the train.のyour new software that I saw advertised in the trainは、「御社の新しいソフトウエア／私は見た／電車の中で広告されている → 電車の広告にあった御社の新しいソフトウエア」ということです。なお、thatは省略することができます。

その他の使える表現！

先月開始された御社の新しいサービスに興味があります

▶**I'm interested in your new service that started last month.**

その商品に関して問い合わせをしております

▶**I'm inquiring about that product.**

そのサービスに関して質問があります

▶**I have a question about that service.**

その情報は弊社のウェブサイトをご覧ください

▶**That information is available on our website.**

もしお急ぎでしたら、お近くの弊社事務所までお問い合わせください

▶**If you're in a hurry, please contact your local office.**

担当者からすぐに折り返しご連絡させていただきます

▶**One of our representatives will call you back shortly.**

→さらに！ Extra表現は242ページ

Scene 3 サンプルやカタログなどの送付

さまざまな問い合わせや商品、サービスの対応です。電話の受け答え、どちらもできるよう練習を重ねましょう。

A: How may I help you?

B: Could you please send us two copies of your latest catalog?

A: Certainly. Could you tell me your name, mailing address, and phone number, please?

訳

A: ご用件は何でしょうか？

B: 御社の最新カタログを２部ご送付いただけませんか？

A: かしこまりました。お名前とお届け先の住所、そしてお電話番号を教えていただけますでしょうか？

【Words and Phrases】

- ☐ copy （本や雑誌などの）部
- ☐ latest 最新の
- ☐ mailing address 送付先の住所

ここがポイント！

- 商品サンプルやカタログなどの送付依頼を受けたら、送付先の情報を正確に聞き取り、到着までのおおよその目安の日数も伝えます。
- copyは、本や雑誌などの「部」「冊」「通」「枚」という意味です。ちなみに、「コピー」もcopyですが、紛らわしいときはphotocopyを用いるといいでしょう。

その他の使える表現！

会社案内を1部お送りいただけませんか？
▶**Could/Can you send me your company brochure?**

商品リストをメールでお送りいただけないでしょうか？
▶**Would you mind emailing us your product list?**

商品サンプルをお送りいただくことは可能でしょうか？
▶**Would it be possible to send me a product sample?**

試供品をお送りいたします
▶**I'll send you a free sample.**

送付先のご住所を教えていただけますか？
▶**Could you please tell me where to send it?**

すぐに手配いたします
▶**I'll arrange that for you right away.**

→さらに！ Extra表現は244ページ

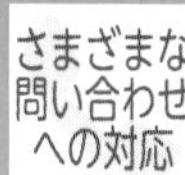

Scene 4 在庫の確認

さまざまな問い合わせや商品、サービスの対応です。電話の受け答え、どちらもできるよう練習を重ねましょう。

A: Rainbow Corporation. How may I help you?

B: Hello, this is Ms. Ito from Sunny Inc. I'm calling about your Wireless Earphone 55. Do you have it in stock?

A: I believe we have low stock at the moment, but let me check. **Could you please hold?**

訳

A: レインボーコーポレーションです。ご用件は何でしょうか？

B: もしもし、サニーインクの伊藤と申します。御社のワイヤレスイヤホン55に関してお電話をしております。この商品の在庫はございますか？

A: 現在、在庫が少なくなっているはずですが、確認いたしますね。少々お待ちいただけますか？

【Words and Phrases】

□ in stock　在庫があって
□ low stock　少ない在庫
□ at the moment　ただ今

ここがポイント！

❶在庫があるかどうかの確認をする際、通常、〈Do you have ～ in stock?〉「～の在庫はありますか？」を使います。in stockは、「在庫があって」という意味です。反意表現は、out of stock「在庫がない」になります。

その他の使える表現！

在庫があるか確認していただけますか？
▶**Could/Can you check and see if it's in stock?**

在庫はどのくらい残っていますか？
▶**How many do you have left in stock?**

いつ入荷しますか？
▶**When will it be back in stock again?**

おいくつ必要ですか？
▶**How many would you like?**

在庫を確認いたします
▶**Let me check the available inventory.**

ただ今、在庫を切らしております
▶**We're out of stock right now.**

製造中止となりました
▶**We no longer make it.**

→さらに！　Extra表現は244ページ

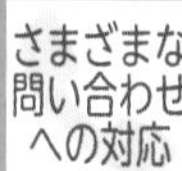

Scene 5 価格・支払い・発送方法・納期

さまざまな問い合わせや商品、サービスの対応です。電話の受け答え、どちらもできるよう練習を重ねましょう。

A: Could you let us know how much it'll cost? We'll transfer the money to your bank account right away.

B: It costs 19,000 yen, so with the consumption tax added, the total comes to 20,900 yen.

A: I see. When can you deliver them?

B: It'll take at least 2 days to send them to you by express delivery.

訳

A: 価格はいくらになるか教えていただけますか？　御社の銀行口座にすぐにお振り込みします。

B: 1台19,000円で、消費税を加えると、合計20,900円です。

A: わかりました。納品はいつ頃になりますか？

B: 速達でも、少なくとも2日はかかります。

【Words and Phrases】

□ transfer	送金する	□ consumption tax	消費税
□ come to ～	合計が～になる	□ deliver	配達する
□ at least	少なくとも	□ express delivery	速達

ここがポイント！

❗価格や納期など、数字を含む場合は、聞き間違い、メモの取り間違いには十分気を付け、必ず復唱します。

その他の使える表現！

合計いくらになりますか？

▶Could you give us the total cost?

どのようなお支払い方法を受け付けていらっしゃいますか？

▶What type of payments do you accept?

配達は一番早くていつになりますか？

▶How soon can you deliver our order?

お見積もりを出していただけますか？

▶Could you send us an estimate?

いくつかのお支払い方法がございます

▶We have several payment options available.

お振り込み確認後に、商品を発送いたします

▶After we confirm your payment, we'll ship your order.

配達の日時の指定ができます

▶You can specify the delivery date and time.

→さらに！ Extra表現は244ページ

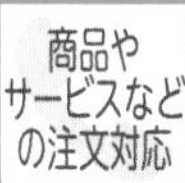

Scene 1 注文／受注する

さまざまな問い合わせや商品、サービスの対応です。電話の受け答え、どちらもできるよう練習を重ねましょう。

A: Hello, can we place an order over the phone?

B: Certainly, what would you like?

A: We'd like 30 units of item number A-123.

B: Absolutely. We'll arrange delivery immediately.

訳

A: もしもし、電話で注文はできますか？

B: 大丈夫です、何をご希望でしょうか？

A: 商品番号A-123を30個発注したいのですが。

B: もちろんです。すぐに発送の準備をいたします。

【Words and Phrases】

- ☐ place an order　注文する、発注する
- ☐ over ～　～によって
- ☐ arrange　手配する
- ☐ delivery　配達
- ☐ immediately　ただちに

ここがポイント！

❗「注文する」は、place an orderを使います。placeは「(注文を) 出す」、orderは「注文 (品)」という意味です。動詞order「注文する」に置き換えることができます。

その他の使える表現！

正式に注文をしたいのですが
▶We'd like to place an official order.

請求書は本社までお送りいただけますでしょうか？
▶Could you send the invoice to our head office?

商品が届くのを楽しみにしています
▶We look forward to your delivery.

ご注文を確かに承りました
▶We're pleased to accept your order.

ご注文は、メールでお送りいただけますでしょうか
▶Could you please email your order?

ご注文の際は、当社のホームページにあるフォームをお使いいただけますか？
▶Could you please use the form on our website to place your order?

お買い上げ誠にありがとうございました
▶Thank you very much for shopping with us.

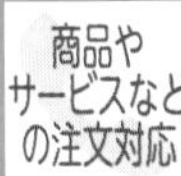

Scene 2 注文を変更／キャンセルする

さまざまな問い合わせや商品、サービスの対応です。電話の受け答え、どちらもできるよう練習を重ねましょう。

A: Hello, is it still possible to change the total quantity of our order?

B: Sure, we can do that.

A: That's great. Could you please change the quantity of our May 19th order from 30 to 40 units then?

B: All right. I'll email you a revised invoice.

訳

A: もしもし、合計数量の変更を行うのはまだ可能でしょうか？

B: はい、対応いたします。

A: それはよかったです。それでは、5月19日付で注文した商品ですが、個数を30から40に変更していただけないでしょうか？

B: 承知しました。新しい請求書は、メールでお送りさせていただきますね。

【Words and Phrases】

- ☐ quantity　分量、数量
- ☐ then　それでは
- ☐ email　メールで送信する
- ☐ revised　修正した
- ☐ invoice　請求書

ここがポイント！

❶注文を変更やキャンセルする場合は、電話で伝えた後、間違いがないようにメールでフォローアップするといいでしょう。

その他の使える表現！

注文番号283について、いくつか変更をしたいのですが
▶We'd like to make some changes to our order No. 283.

追加注文したいのですが
▶I'd like to place an additional order.

製品番号8353を、追加で10個注文したいのですが
▶We'd like to order 10 more units of item No. 8353.

注文数を減らしたいのですが
▶I'd like to reduce my order.

注文をキャンセルしたいのですが
▶I'd like to cancel my order.

今からキャンセルはできますか？
▶Is it possible to cancel my order now?

注文番号D-132を正式にキャンセルいたします
▶We're officially canceling our order D-132.

Chapter 3-5

海外出張：ホテル

Scene 1 予約をする

急な海外出張や滞在でも困らないよう、ロールプレイングを重ねて備えておきましょう。

A: Central Grand Hotel, how may I help you?

B: Hello, I'd like to make a reservation, please.

A: Certainly. When would you like to check in?

B: On March 15 for 4 nights.

A: For how many people, ma'am?

B: Just me.

訳

A: セントラル・グランドホテルでございます。ご用件をお伺いいたします。

B: もしもし、予約をお願いしたいのですが。

A: かしこまりました。チェックインのお日にちはいつでしょうか？

B: 3月15日から4泊です。

A: 何名さまでしょうか？

B: 私だけです。

【Words and Phrases】

□ make a reservation　予約する、申し込む

ここがポイント！

- ホテルなどの部屋の予約をする際は、動詞reserveかbookを使います。あるいは例文のように、名詞reservationを用いて、make a reservationを使います。
- 欧米のホテルの部屋の種類は、一般的に以下の通りです。
  - －single room「シングルルーム＝ベッド１台」
  - －twin room「ツインルーム＝シングルベッド２台」
  - －double room「ダブルルーム（２人用の部屋）＝queen size、あるいは、king sizeのベッド１台」
  - －suite room「スイートルーム＝リビングルームやダイニングルーム、キッチンなど２つ以上の部屋が続く。king sizeのベッド１台とpull out sofa（ソファベッド）１台、ベッドルームが２つある場合はqueen sizeのベッドがもう１台」
- a roll-away bed「キャスター付きの折り畳みベッド」があるホテルもあります。

その他の使える表現！

部屋の空きはありますか？

▸Are there any rooms available?

今晩、部屋は空いていますか？

▸Could/Can I get a room tonight?

明日から３泊で部屋を予約したいのですが

▸I'd like to stay 3 nights starting from tomorrow.

禁煙で、クイーンサイズベッドの部屋をお願いしたいのですが

▸I'd like a non-smoking room with a queen size bed.

その部屋は１泊おいくらですか？

▸How much is it per night?

Chapter 3-5 海外出張：ホテル

Scene 2 予約を変更／キャンセルする

急な海外出張や滞在でも困らないよう、ロールプレイングを重ねて備えておきましょう。

A: Thank you for calling. This is the Lakeside Hotel. How may I help you?

B: Hello, I'd like to change my reservation, please.

A: Certainly. What's your confirmation number?

B: It's 382749.

訳

A: お電話ありがとうございます。レイクサイドホテルでございます。ご用件は何でしょうか？

B: もしもし、予約を変更したいのですが。

A: かしこまりました。ご予約番号をお願いできますでしょうか。

B: 382749です。

【Words and Phrases】

□ confirmation number　確認番号、予約番号

ここがポイント！

- 予約の際に発行される確認番号は、reservation numberではなく、通常、confirmation numberを用います。変更やキャンセルの際、必要となります。
- キャンセル料が発生する場合があるので、cancellation policy「キャンセル規定」は、予約をする際にあらかじめ確認しておくといいでしょう。

その他の使える表現！

宿泊日の変更をしたいのですが

▸**I'd like to change the night of my stay.**

5泊の予定でしたが、もう1泊したいのですが

▸**I was planning to stay for 5 days, but I'd like to stay one more night.**

その予約を3泊に変更してください

▸**Could/Can I change it to 3 nights?**

予約していた部屋を変更することはできますでしょうか？

▸**Is it possible to change the room of my reservation?**

予約をキャンセルしたいのですが

▸**I'd like to cancel my reservation.**

明後日まで滞在を延長することはできますか？

▸**Would it be possible to extend my stay until the day after tomorrow?**

1日早くチェックアウトしたいのですが

▸**I'd like to check out one/a day early.**

→トラブル対応表現は186ページ

Chapter 3-6

海外出張：レストラン

Scene 1 予約をする

急な海外出張や滞在でも困らないよう、ロールプレイングを重ねて備えておきましょう。

A: Bistro Aloha, how may I help you?

B: Hello, I'd like to book a table for 5 at 7:00 p.m. tomorrow.

A: Let me check the availability for you. Please hold.

B: Thank you.

A: Thank you for holding. Yes, we can reserve a table for you.

B: Great.

訳

A: ビストロ・アロハです。ご用件を伺います。

B: もしもし、明日の夜7時から5名で予約をお願いしたいのですが。

A: お席の空きを確認いたしますね。お待ちください。

B: ありがとう。

A: お待たせいたしました。はい、お席をご用意できます。

B: 良かったです。

ここがポイント！

- レストランの予約の際、「席」はseatではなくtableを使います。
- 「予約をする」は、book、reserve、make a reservationのいずれも使えます。

その他の使える表現！

4名で予約をお願いしたいのですが
▶I'd like to make a reservation for 4.

今晩8時から2名で予約をお願いいたします
▶A reservation for 2 at 8:00 p.m. tonight.

窓際のテーブルをお願いできますか？
▶Could/Can I reserve a table by the window?

入口から離れた、静かなテーブルをお願いできますか？
▶Could/Can we have a quiet table away from the entrance?

個室をお願いできますか？
▶Could/Can we have a private room?

甲殻類／ナッツ類にアレルギーがあります
▶I'm allergic to shellfish/nuts.

ベジタリアン、あるいはビーガン向けのメニューはございますか？
▶Do you have vegetarian or vegan options?

コーシャー／ハラールの食事はございますか？
▶Do you serve kosher/halal meals?

Chapter 3-6

海外出張：レストラン

Scene 2 予約を変更／キャンセルする

急な海外出張や滞在でも困らないよう、ロールプレイングを重ねて備えておきましょう。

A: Hello, could I make a change to my reservation, please?

B: Certainly. When is your reservation? And what name is it under?

A: On the 20th at 6:30 p.m. for a party of 3. My name is Sakamoto.

B: Oh yes, Ms. Sakamoto. What would you like to change?

A: I'd like to change the number of people from 3 to 4.

訳

A: もしもし、予約を変更させていただけますか？

B: かしこまりました。いつのご予約でしょうか？また、どなたさまのお名前でご予約されていますか？

A: 20日の午後6時半、3名で予約をしている坂本です。

B: あ、坂本さまですね。何をご変更なさいますか？

A: 人数を3名から4名に変更したいのですが。

ここがポイント！

- 〈party of 〜〉は、「〜名の一行／グループ」という意味です。
- 「〜という名で」という予約の名義を表すには、〈under the name of 〜〉、あるいは〈under〜〉を用います。例えば、「坂本（という名前で）で予約しています」という場合は、(It's) under the name of Sakamoto.あるいは、Under Sakamoto.となります。It isは省略することができます。なお、例文では名義を尋ねる表現として、What name is it under?を使っていますが、Under what name?もよく使います。

その他の使える表現！

人数を10名に増やしてもよろしいでしょうか？

▶Could/Can I increase the number in our party to 10?

1人追加することはできますか？

▶Could/Can I add one more person to the reservation?

5日水曜日の予約を午後6時半から7時に変更したいのですが

▶I'd like to change my reservation for Wednesday the 5th from 6:30 to 7:00 p.m.

残念ながら予約をキャンセルしなければなりません

▶I'm afraid I have to cancel my reservation.

予約のキャンセルでお電話しています

▶I'm calling to cancel my reservation.

キャンセルできますか？

▶Could/Can I cancel that?

Chap 3 応用編

トラブル対応表現（海外出張：ホテル）p.181 Track 084

1 部屋を替えてください

2 私の部屋の周りがうるさ過ぎます

3 部屋が暑過ぎます／寒過ぎます

4 ヒーター／エアコンが壊れているようです

5 お湯が出ません

6 インターネットに接続できません

7 トイレが詰まって、水があふれています

8 鍵を持たずに部屋のドアを閉めてしまいました

9 鍵を失くしてしまいました

10 このカードキーは使えません

11 金庫の暗証番号を忘れてしまいました

I'd like a different room, please.

It's too noisy around my room.

The room is too hot/cold.

The heater/air conditioner seems to be broken.

I have no hot water.

I can't connect to the Internet.

The toilet is clogged and overflowing.

語 clog　詰まらせる　　語 overflow　（液体が）あふれ出る

I've locked myself out.

語 lock oneself out　中に鍵を置いたままドアを閉める

I've lost my key.

This (card) key doesn't work.

I forgot the passcode for the safe.

語 passcode　暗証番号　　語 safe　貴重品を保管する金庫

あいづちの表現②

相手の発言を受けて繰り返す際、相手がI have ...と言ったら、それに対しては、Have you?/You have?、I can ...であれば、Can you?/You can?、We were ...に対しては、Were you?/You were?と、それぞれ返します。

例えば、I had a meeting with the manager yesterday.「昨日、部長と打ち合わせをしました」に対して、Did you?/You did?「そうだったんですか？」となります。相手の発言の中のbe動詞、助動詞の種類、時制を聞き取れないと反応できませんので注意深く聞きましょう。また、語尾は確認の意味が強いときは、下がります。

Chapter 4
発展編

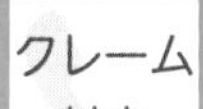

クレーム対応 Scene 1 商品・サービス

クレーム対応です。受け答えどちらもスムーズにこなせるよう、練習しましょう。

A: Ace Solutions. How may I help you?

B: Hello, I'm calling about your leadership training program that was conducted the other day. Unfortunately, we weren't satisfied with the program. Can I speak with the person in charge?

A: I'm so sorry to hear that. I'll connect you to the manager. **Just a moment, please.**

訳

A: エース・ソリューションズです。ご用件は何でしょうか？

B: もしもし、先日実施された御社のリーダーシップ研修について、お電話をしております。残念ながら、プログラムに満足しておりません。担当の方とお話しできますか？

A: それは非常に残念です。マネージャーにおつなぎしますね。少々お待ちください。

【Words and Phrases】

☐ conduct　実施する
☐ be satisfied with ～　～に満足する

ここがポイント！

❗日本語の「クレーム」「苦情」は、英語でcomplaintです。英語のclaimは、「要求」「権利」「主張」という意味なので注意しましょう。

その他の使える表現！

残念ながら、御社のサービスに不満を持っております

▶**I'm afraid we're not happy with your service.**

御社の販売員に不愉快な思いをさせられました

▶**I had an unpleasant experience with one of your sales staff.**

御社のテクニカルサポートに対して苦情を申し上げます

▶**I need to file a complaint about your technical support.**

大変申し訳ございません

▶**I'm terribly sorry.**

お調べして、すぐに折り返させていただきます

▶**We'll look into it and get back to you right away.**

状況を調査し、改善策をできるだけ早くお伝えいたします

▶**We'll look into the situation and let you know our course of action as soon as possible.**

→さらに！　Extra表現は244ページ

Track 086

Chapter 4-1

クレーム対応

Scene 2 数量不足・品違い

クレーム対応です。受け答えどちらもスムーズにこなせるよう、練習しましょう。

A: We received our order today, but the quantity delivered doesn't correspond with our order.

B: Could you tell me your order number, please?

A: It's TTC1624. There should be two more items. Could you ship them today?

B: You're absolutely right. We're truly sorry. We'll ship the missing items immediately.

訳

A: 本日商品を受け取ったのですが、数量が注文と合っていません。

B: 注文番号を教えていただけますでしょうか？

A: TTC1624です。あと2つ入っているはずなのですが。不足分を本日中に出荷していただけますか？

B: おっしゃる通りです。大変失礼いたしました。すぐに不足分をお送りいたします。

【Words and Phrases】

- ☐ quantity 数量
- ☐ ship 発送する
- ☐ missing 見当たらない
- ☐ correspond with ～ ～と一致する
- ☐ absolutely 間違いなく
- ☐ immediately ただちに

ここがポイント！

- 数量不足・品違いなど誤送への苦情は、決して相手を責める口調にならないよう気を付け、間違いの事実のみを伝えます。そして、それに対してどうして欲しいのか、こちらの要望を明確に伝えるようにしましょう。
- 数量不足・品違いなどの誤送があった場合、ミスをすみやかに認め、まず謝罪をします。そして、不足分の発送日や誤送品の引き取り方法などの詳細を伝えます。

その他の使える表現！

恐れ入りますが、これらは当社が注文したものとは違います
▶Unfortunately, they're not what we ordered.

御社から注文していない商品が届きました
▶We received a package from you that we didn't order.

注文品が不足していました
▶The order was incomplete.

大変失礼いたしました
▶Please accept our sincere apologies.

すぐに不足分をお届けに上がらせます
▶I'll have someone deliver the missing items right away.

すぐに正しい商品をお送りいたします
▶We'll send the correct products right away.

→さらに！ Extra表現は246ページ

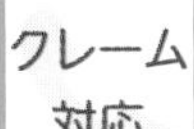

Scene 3 破損・不良品

クレーム対応

クレーム対応です。受け答えどちらもスムーズにこなせるよう、練習しましょう。

A: I'm calling to complain about one of your products, a portable solar panel, which was faulty.

B: Thank you for calling. Could you please explain in more detail?

A: There's a small crack on the surface of the screen.

B: I see. Could you please return the damaged item at our expense?

訳

A: 御社の製品の１つ、ポータブル・ソーラーパネルが不良品であることに関しての苦情で、お電話をしております。

B: お電話ありがとうございます。詳細をお聞かせいただけますでしょうか？

A: パネルの表面に小さなひびが入っています。

B: わかりました。それでは、破損している商品を着払いで送り返していただけますでしょうか？

【Words and Phrases】

- ☐ faulty 欠陥がある
- ☐ crack ひび割れ
- ☐ surface 表面
- ☐ damaged 損傷した

ここがポイント！

- 破損・不良品があった場合は、証拠として写真を撮っておきましょう。
- 破損・不良品があったとの連絡を受けた場合は、原因を特定し、再発防止に努めます。ただし、その事実が確認されるまでは、不用意な謝罪をせず、慎重に対応します。

その他の使える表現！

残念なことに、商品のいくつかが届いたときに破損していました

▶**Unfortunately, some of the products we received were damaged on arrival.**

本日商品を受け取りましたが、不良品でした

▶**We received the product today, but it was defective.**

これらの商品を大至急、交換していただきたいのですが

▶**We'd like to have them replaced immediately.**

破損した商品を着払いで送り返していただけますか？

▶**Could you please return the damaged products to us C.O.D.?**

C.O.D. = cash on delivery　代金引き換え、着払い

ご都合がつき次第、弊社に欠陥品をご返送いただけますか？

▶**Could you please return the defective items at your earliest convenience?**

破損品はただちに交換いたします

▶**We'll exchange the damaged products as soon as possible.**

Track 088

Chapter 4-1

クレーム対応

Scene 4 請求ミス

クレーム対応です。受け答えどちらもスムーズにこなせるよう、練習しましょう。

A: I'm afraid we were billed the wrong amount. The amount on invoice No. 47 doesn't match your original quote. Could you look into this and send us a corrected invoice?

B: **We're deeply sorry for the inconvenience. We'll investigate the cause of this error and send you a corrected invoice immediately.**

訳

A: 恐れ入りますが、間違った金額で請求されたようです。請求番号47の金額が、お見積もりと異なっています。お調べいただき、正しい請求書をお送りいただけますか？

B: ご迷惑をおかけして大変申し訳ございません。ただちにミスの原因を調査し、訂正した請求書を送付いたします。

【Words and Phrases】

☐ bill　請求する
☐ quote　見積もり
☐ look into ～　～を調べる
☐ investigate　調査する

ここがポイント！

- 請求ミスについても、ほとんどの場合故意ではないので、感情的にならずに、間違いの事実のみを伝えます。

その他の使える表現！

9月分の請求書に間違いがあるようですが

▶ **It seems our September bill contains an error.**

注文はキャンセルしたのですが、間違って請求されていました

▶ **We cancelled our purchase order, but we were still billed by mistake.**

合計金額は900ドルのはずですが

▶ **The total amount should be $900.**

何らかの間違いだと思います

▶ **There must be some sort of error.**

明細書の誤りに関してですが、お客さまのご指摘の通りです

▶ **You're correct about the error in your statement.**

大変申し訳ございませんが、お送りしたお見積書には送料が漏れておりました

▶ **We're sorry that the estimate we sent you didn't include the shipping charge.**

ただちに訂正した請求書をお送りいたします

▶ **We'll send you a corrected invoice immediately.**

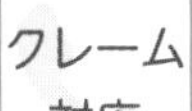

クレーム対応

Scene 5 納期／支払いの遅延

クレーム対応です。受け答えどちらもスムーズにこなせるよう、練習しましょう。

A: Hello, the product was supposed to have been delivered on May 10th, but as of today, we haven't received it.

B: I'm very sorry. What's your order number? I'll check your order status right away.

A: It's 3847. We placed the order on May 1st.

B: Certainly. Just a moment, please.

訳

A: もしもし、5月10日納入予定の商品が、本日現在でもまだ届いていないのですが。

B: それは大変失礼いたしました。注文番号は何番でしょうか？ 注文状況を、ただちにお調べいたします。

A: 3847です。5月1日に注文しています。

B: かしこまりました。少々お待ちください。

【Words and Phrases】

□ be supposed to ～	～することになっている／の予定だ
□ as of ～	～現在で
□ order status	注文状況

ここがポイント！

- 納期や支払いが遅れている場合は、遅延の詳しい内容と現状の説明を求めましょう。そして、必要に応じてキャンセルなどのこちらの対応を伝えます。
- 納期や支払いが遅れる場合は、相手から催促や抗議をもらう前に連絡をするべきです。いつまでに納品や支払いを完了できるのかを明確に伝えます。

その他の使える表現！

来週までに納入いただかなければ、注文をキャンセルせざるを得ないかもしれません

▶**If we can't receive the order by next week, we might have to cancel it.**

出荷状況をお知らせいただけますか？

▶**Can you let us know the status of the shipment?**

期日に間に合わず、大変申し訳ございません

▶**We're deeply sorry for not being able to make the deadline.**

本日中にご注文の商品を確実に発送いたします

▶**We can confirm that we'll ship your order today.**

運送上の問題により、ご注文の納期が遅れております

▶**Because of some transit difficulties, there's been a delay in the delivery of your order.**

→さらに！ Extra表現は240ページ

Track 090

Scene 1 業務追加の指示

日常業務で使う表現です。明確な指示をすぐに出せるよう、場面を想定して練習しましょう。

A: Hi, how's it going?

B: Hi, everything's going well so far.

A: Great! When you're finished with your current assignment, please analyze the questionnaire, and tally the results by this Friday.

B: Okay. Got it.

訳

A: もしもし、調子はどうですか？

B: もしもし、今のところ、順調です。

A: 良かったです！ 今、行っている業務が終わったら、アンケートの分析と結果の集計を、今週の金曜日までにお願いします。

B: はい、了解です。

【Words and Phrases】

☐ finished	終えて	☐ current	現在の
☐ assignment	割り当てられた仕事	☐ analyze	分析する
☐ questionnaire	アンケート	☐ tally	集計する

ここがポイント！

- 指示をする場合は、何をしてほしいのか、期限はいつなのかなどを明確に述べます。その際、丁寧な命令文の〈Please～〉か、直接的な依頼文の〈Can you ～?〉を使うといいでしょう。
- Got it.はI got it.の「I」が省略された形です。getは、「わかる」「理解する」という意味です。例えば、Did you get it?「わかりましたか？」、I don't get it.「わかりません」のように使います。

その他の使える表現！

スタッフ全員に新しい納期を、今日中に知らせてもらえますか？

▶**Can you inform all of the staff members about the new delivery date by the end of the day?**

今の作業が終了次第、次の作業にすみやかに移ってください

▶**As soon as you finish the current task, please move on to the next one right away.**

プロジェクトの進捗報告書を、毎週提出してください

▶**Please submit a progress report on the project every week.**

明日の朝までに、工場見学の手配を済ませてください

▶**Please arrange the factory tour by tomorrow morning.**

データを午後3時までにまとめておいてくれませんか？

▶**Can you compile the data by 3:00 p.m.?**

Scene 2 クレーム対応の指示

指示

日常業務で使う表現です。明確な指示をすぐに出せるよう、場面を想定して練習しましょう。

A: Hello, I need to ask you to take care of something for me.

B: Sure, what is it?

A: Please process the refund for account No. 877-A as soon as possible.

B: Understood. I'll get started on it right away.

訳

A: もしもし、お願いしたい処理があるのですが。

B: はい、何でしょうか？

A: アカウント番号877-Aの返金処理を、できるだけ早くしてください。

B: わかりました。すぐに取り掛かります。

【Words and Phrases】

- ☐ take care of ～　～の処理をする
- ☐ process　処理する
- ☐ refund　返金
- ☐ get started on ～　～に取り掛かる

ここがポイント！

- クレーム対応の指示では、as soon as possible「できるだけ早く」、right away「すぐに」、immediately「ただちに」、promptly「迅速に」、などの表現を用いて、迅速な行動を促します。
- Understood.は、It is understood.「それは理解されました→わかりました」のIt isが省略された形です。

その他の使える表現！

すぐに配送センターに連絡をし、出荷状況を調べてください

▶**Please contact our distribution center and track down the shipment right away.**

ただちに代替品を出荷させてください

▶**Please have the replacement shipped immediately.**

今週末までに不足品が届くように、手配していただけますか？

▶**Can you arrange for the missing items to be delivered by the end of this week?**

機械のチェックのために、ただちに誰かを派遣してください

▶**Please send someone immediately to check the machine.**

早急に請求書を再発行し、お客さまへお送りしてください

▶**Reissue the invoice and send it to the client right away.**

必ずきちんと謝罪をしてください

▶**Be sure to make a proper apology.**

Chapter 4-2

指示

Scene 3 緊急な仕事の指示

日常業務で使う表現です。明確な指示をすぐに出せるよう、場面を想定して練習しましょう。

A: Hi, can you finish your review of the proposal by tomorrow morning?

B: All right, I'll work on it immediately.

A: Thanks. If anything is unclear, please call me directly.

B: Certainly.

訳

A: もしもし、企画書の見直しを、明日の午前中までに終わらせてもらえますか?

B: わかりました。すぐに取り組みます。

A: ありがとう。もし何か不明な点があれば、私に直接電話をしてください。

B: かしこまりました。

【Words and Phrases】

- ☐ review　見直す
- ☐ proposal　企画書
- ☐ work on ～　～に取り組む
- ☐ unclear　不明な

ここがポイント！

❶緊急な仕事の指示をする場合は、必ず期限を明確にします。

その他の使える表現！

この問題に対処し、結果を午後3時までに知らせていただけますか？

▶Can you take care of this matter and let me know the outcome by 3:00 p.m.?

調査データを火曜日までに分析してください

▶Please analyze the research data by Tuesday.

遅くとも水曜日の午前10時までには、調査結果をまとめておいてください

▶Please prepare the research results by 10:00 a.m. on Wednesday at the latest.

すべての作業を、明日の終業時間までに終わらせるようにしてもらえますか？

▶Can you finish the entire assignment by closing time tomorrow?

ただちに状況を調査して、折り返し連絡をください

▶I'd like you to investigate the situation and get back to me as soon as possible.

Chapter 4-3
交渉をもちかける

Scene 1 値引き依頼

音声とともに次の場面をロールプレイングします。覚えたフレーズを使ってみましょう。

A: Your price is rather high compared with other companies. Could you give us a more competitive price?

B: Unfortunately, that is as low as we can go. We believe our product quality is far superior to the competition, and it's not actually any more expensive than theirs.

訳

A: 他社と比較すると御社の価格は少し高めです。もう少し低価格でお願いできないでしょうか？

B: 申し訳ございませんが、これ以上値段を下げることができません。弊社製品の品質は、他社より非常に優れており、実質的に割高ではありません。

【Words and Phrases】

☐ rather　やや、幾分
☐ compared with～　～と比べて
☐ go　（ある値段で）売る
☐ far　はるかに、断然
☐ superior to ～　～より優れて
☐ competition　競争相手
☐ not any more ... than ～　～より…にならない

ここがポイント！

- 値引き依頼をする場合は、要求や希望を丁寧に伝え、その理由および譲歩可能な条件などを簡潔に提示しましょう。
- 値引き依頼を断る際は、あいまいな表現を避け、Noとはっきり伝えてから理由を説明します。
- 値引き依頼を受諾する場合は、対象商品やサービス、金額、条件などを明確に伝えます。

その他の使える表現！

価格が満足いくものであれば、注文させていただこうと思っています

▶ **If the price is satisfactory, we'd like to place an order.**

大量注文の場合、大幅な値引きをしていただくことは可能でしょうか？

▶ **Would it be possible for us to receive a substantial discount on a bulk order?**

大変申し訳ございませんが、お問い合せの商品のお値引きはできません

▶ **I'm sorry, but we can't provide a discount for the item in question.**

残念ながら御社の条件ではビジネスとして成立いたしません

▶ **Unfortunately, it wouldn't make business sense for us to accept your terms.**

50個以上のご注文に関して、値引きが適用されます

▶ **This discount is available on orders of 50 or more units.**

→さらに！ Extra表現は246ページ

Chapter 4-3

交渉をもちかける

Scene 2 納期／支払期日の変更依頼

音声とともに次の場面をロールプレイングします。覚えたフレーズを使ってみましょう。

A: We understand that payment for our invoice No. 2369 is due on April 15th. But could you possibly allow us to postpone the payment until May 15th?

B: May I ask the reason?

A: Yes, of course. Since one of our clients went bankrupt, it's been impossible for us to collect accounts receivable.

訳

A: 請求書番号2369のお支払い期限が、4月15日ということは承知しておりますが、5月15日まで延長していただくわけにはいかないでしょうか？

B: 理由をお聞きしてもよろしいでしょうか？

A: もちろんです。弊社得意先の一社が倒産いたしまして、売掛金回収が不能となっております。

【Words and Phrases】

- ☐ due 期限が来て
- ☐ go bankrupt 倒産する
- ☐ postpone 延期する
- ☐ accounts receivable 売掛金

ここがポイント！

❶ 納期や支払期日の変更の依頼は、できるだけ丁寧に説得力ある理由とともに伝えます。

その他の使える表現！

何とか5営業日以内に商品が到着する方法はございますか？

▶Is there any way the products can be delivered within 5 business days?

納期を早めていただけませんか？

▶Could you move up the delivery date?

あと10日、決済をお待ちいただくことは可能でしょうか？

▶Would it be possible for you to grant us 10 more days to settle the account?

残念ながら、支払い延期を承諾することができません

▶I'm afraid we can't agree to an extension of the due date.

予定通りにお支払いいただけますようお願いいたします

▶Please ensure that the invoice is paid according to the original schedule.

納期の延期を認めさせていただきます

▶We agree to an extension of the delivery date.

残金は来月末までにお支払いください

▶Please settle the balance by the end of next month.

→さらに！ Extra表現は246ページ

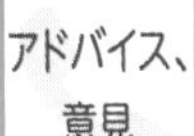

Scene 1 上司や同僚にアドバイスや意見を求める

音声とともに次の場面をロールプレイングします。覚えたフレーズを使ってみましょう。

A: Hello, I'm calling to ask your advice about something. Do you have a moment now?

B: Sure, what is it?

A: Could you please give me some important points to keep in mind when I create a division of roles among my staff?

B: Absolutely. Here's what I always think about.

訳

A: もしもし、ある件であなたからのアドバイスが欲しくて電話をしています。今、お時間ありますか？

B: はい、何でしょうか？

A: スタッフの作業分担を決める際、留意すべき大事な点をいくつかご教示いただけますか？

B: もちろんです。これは私がいつも考えていることなのですが。

【Words and Phrases】

☐ something　あること
☐ keep in mind　心に留めておく
☐ division of roles　役割分担

ここがポイント！

- アドバイスや意見を求めるときは、具体的に状況を説明し丁寧に依頼しましょう。
- 何かを依頼する場合、〈please ～〉「～してください」をよく使いますが、これは丁寧ですがあくまでも命令文です。より丁寧にするには、助動詞とyouを組み合わせた『依頼』の疑問文〈will/would/can/could you～?〉のいずれかを用います。この中で、willとcanは丁寧度が他に比べて低めのカジュアルな表現になります。wouldとcouldはどちらも丁寧な表現ですが、wouldは「～してもらいたい」という意向や願望を強く表すため、相手にとって断りにくい場合があります。一方couldは、能力や可能性を問う意味合いを持つので、相手は断りやすく印象も良くなります。

その他の使える表現！

ある件で、あなたからアドバイスがいただけないかと思いまして

▶**I was wondering if you could give me your advice on something.**

決定する前に、あなたからも客観的なご意見をいただきたいのですが

▶**I'd like your objective opinion before making a decision.**

どう対処するのが最も良いでしょうか？

▶**What would be the best way to handle this?**

どう対処するのが適切な行動でしょうか？

▶**What's the appropriate course of action?**

あなたのお考えをぜひお聞かせください

▶**I'm anxious to know your thoughts.**

Track 096

Chapter 4-4

アドバイス、意見

Scene 2 同僚や部下にアドバイスをする

音声とともに次の場面をロールプレイングします。覚えたフレーズを使ってみましょう。

A: We're having trouble in building rapport among the global sales teams.

B: Why don't you arrange a conference call to discuss the matter among the team leaders?

A: That's a great idea.

訳

A: グローバルセールスチーム間の、信頼関係の構築に苦労しています。

B: チームリーダーでこの問題を話し合うために、電話会議を設けてみたらどうですか？

A: それはいい考えですね。

【Words and Phrases】

□ have trouble in ～　～するのに苦労する
□ rapport　お互いに信頼し合う関係
□ conference call　電話会議

ここがポイント！

❶〈Why don't you ～?〉の直訳は「なぜあなたは～しないのですか？」ですが、実際は「～してはどうですか？」「せっかくだから～するといいですよ」という意味で、『提案』に近い『アドバイス』になります。

その他の使える表現！

プロジェクトの一部をアウトソースするといいのではないでしょうか

▶**Perhaps you should outsource part of the project.**

もし私があなただったら、別のビジネスプランを検討するでしょう

▶**If I were you, I would consider an alternative business plan.**

セカンドオピニオンを得るべきだと思います

▶**You should get a second opinion.**

これは私のプロとしての経験からです

▶**This is based on my professional experience.**

個人的な意見ですが

▶**This is just my personal opinion.**

個人的な話に受け取らないでください

▶**Don't take it personally.**

これがお役に立つといいのですが

▶**I hope this helps.**

電話をかける時のマナー②

自宅の電話に出るときは、防犯上の理由から、Hello?「もしもし?」とだけ言って、名乗らないのが一般的です。名乗る必要があるときは、This is the Suzuki residence.「鈴木です」と伝えます。residenceは、「住居」という意味です。theを付けることを忘れないようにしましょう。

Chapter 5
電話／オンライン会議編

まずはこれだけ！

Track 097

Chapter 5 電話／オンライン会議必須表現

相手の顔が見えない「電話会議」より、カメラをオンにしての「オンライン会議」は、耳だけでなく視覚からも情報を得られるという利点がありますが、通信環境やシステムによっては問題が起こりやすいのも事実です。問題が起こったときに、どのような英語表現が使えるのか、以下、「電話会議」「オンライン会議」それぞれに共通して使える必須フレーズと、「オンライン会議」に特有のさまざまな表現を取り上げました。

Scene1 音声チェック

1 聞こえますか？

2 ちゃんと聞こえますか？

3 はっきり聞こえますか？

4 聞こえません

5 よく聞こえません

6 ボリュームが小さ過ぎるようです

7 ボリュームを少し上げていただけますか？

8 もう少しマイクに近づいて話していただけますか？

ここがポイント！

❶「電話会議」は、conference call、teleconference、「テレビ会議」は、video conferenceと言います。そして、Microsoft TeamsやZoomなどのオンライン会議サービスによる「オンライン会議」は、online meeting、Web meeting、virtual meetingと言います。

Can you hear me?

Can you hear me okay/all right?

Can you hear me clearly?

I can't hear you.

I can't hear you well.

I think your volume is too low.

Could/Can you turn up the volume a little?

Could/Can you please speak a little closer to the microphone?

9 聞こえていますよ

10 ミュートになっていますよ

Scene 2 カメラオン／オフ

1 カメラをオンにしてください

2 カメラがオフになっていますよ

3 顔が見えません

4 カメラはオフのままで構いません

I can hear you.

You're on mute.

Please turn on the camera.

Your camera is off.

We can't see your face.

You can keep your camera off.

Scene 3 ミュート

Track 098

1 みなさん、ミュートにしてください

2 みなさん、話していないときはミュートにしていただけますか？

3 発言するときはミュートを外してください

Scene 4 音声が途切れ途切れになる

1 あなたの声が途切れ途切れになっています

Scene 5 音声が響く

1 あなたの声が響いていますよ／ハウリングを起こしています

2 どなたかこのエコー／ハウリングが聞こえますか？

Everyone, please mute yourselves.

Could/Can you mute yourself/yourselves when you're not speaking?

Please unmute when speaking.

You're breaking up.

語 break up　通話が途切れる

Your voice is echoing.

語 echo　（名詞）反響、ハウリング

Does anybody hear that echo?

Scene 6 画面が固まる

Track 099

1 画面が固まっています

2 映像がぎくしゃく動いています

Scene 7 画像が乱れる

1 画像が乱れています

Scene 8 画像がぼやけている

1 画像がぼやけています

Scene 9 映像と音声がずれる

1 映像と音声にずれがあります

2 音がずれて聞こえます

Your image is frozen.

Your image is choppy.
語 choppy　途切れ途切れの

The image is distorted.
語 distorted　（映像などが）ひずんだ

The image is out of focus.

There's a delay in the image and voice.
語 delay　遅れ、ずれ

There's a sound lag.
語 lag　遅れ

Scene 10 通話状態が悪い

Track 100

1 インターネット接続が不安定です

2 回線状態が悪いですね

3 電波の状態があまりよくないですね

4 ルーカスさんの接続が切れたようです

Scene 11 接続し直す

1 もう一度接続し直させてください

2 いったん退室して、接続し直します

My internet connection is unstable.
語 unstable　不安定な

We have a bad connection.

The connection is not very good.

I think Lucas got cut off.
語 get cut off　（回線や電波の状態が悪くて）切れる

Let me try connecting again.

I'll leave the meeting room now, and connect again.

Scene 12 再起動する

Track 101

1 再起動させてください

Scene 13 出席者のチェック

1 どなたが電話に出ていますか？

2 どなたが会議に参加しましたか？

3 みなさん、いらっしゃいますか？

4 石田さん、いらっしゃいますか？

5 これで全員そろっていますか？

6 さて、全員そろったようです

7 全員接続できたようです

Let me reboot/restart my computer.
語 reboot　再起動する

Who's on the call?

Who just joined?

Is everyone here?

Are you on the line, Ms. Ishida?

Are we all on?

Now we're all here.

We're all signed in.
語 sign in　サインインする→接続開始する

8 点呼します

9 はい、います

10 みなさん、名前を言ってください

Scene 14 画面共有

1 みなさん、画面は見えますか？

2 画面共有していただけますか？

3 前のページに戻っていただけますか？

Let me take a roll call.
語 take a roll call　点呼する、出欠確認をする
I'll do a roll call.
語 do a roll call　点呼する、出欠確認をする

Here.
I'm here.
That's me.
I'm on.

Could you state your names?

Can everyone see my screen?

Could/Can you share the screen?

Could/Can you go back to the previous screen, please?

電話をかける時のマナー③

自分宛ての電話に出る際の、Speaking「私ですが」は、This is he speaking.のThis is heを省略した形です。つまり、「私が通話しています→私ですが」という意味です。That's me.「それは私です→私ですが」と言う場合もあります。これは、かなりカジュアルな言い方ですが、ビジネスでも親しい間柄では、使っても問題ありません。なお、直通電話の場合、Helloや、This isを省略して、名前のみを言うことがあります。

Chapter 6
スモールトーク

Track 102

Chapter 6

スモールトーク

Scene 1 あいさつ

ちょっとした会話で相手との距離がぐっと縮まります。スモールトークの定型表現を覚えましょう。

A: Hello, can I speak with Elliott?

B: This is he. Who's calling?

A: This is Satomi from the Overseas Division.

B: Ah. Hi, Satomi. How're you doing?

A: I'm doing great, thank you. How about you?

B: I'm all right. Thanks. So, what can I do for you?

訳

A: もしもし、エリオットさんとお話しできますか？

B: 私ですが。どちらさまですか？

A: 海外事業部の里実です。

B: あぁ、こんにちは、里実さん、お元気ですか？

A: とても元気です。ありがとうございます。あなたはどうですか？

B: 元気ですよ。ありがとう。それで、用件は何でしょうか？

【Words and Phrases】

☐ overseas division　海外事業部

☐ so　ところで、それで

ここがポイント！

- いきなり本題に入るのではなく、あいさつで始め、続いて相手の調子や近況などを聞くと、多くの場合その後の会話がスムーズに進みます。
- 自分の調子を伝えた後はお礼を言って、相手にも聞き返すのが礼儀とされています。

その他の使える表現！

お元気ですか？　調子はどうですか？

▶**How's it going?**

▶**How's everything?**

どうしていましたか？

▶**How've you been?**

久しぶりですね

▶**It's been a while.**

お元気そうですね

▶**You sound well.**

とても元気です

▶**Good.**　▶**Great.**　▶**Excellent.**

悪くないですよ

▶**Not bad.**

あなたはどうですか？

▶**How about yourself?**

▶**And yourself?**

Chapter 6
スモールトーク

Scene 2 気候・天気

ちょっとした会話で相手との距離がぐっと縮まります。スモールトークの定型表現を覚えましょう。

A: Hello, Miyuki. How're you doing?

B: I'm okay, thanks. How about yourself?

A: Not bad, but it's been very hot, hasn't it?

B: Yeah, it's muggy and pretty unbearable.

A: Right, so sticky.

訳

A: もしもし、美由紀さん、お元気ですか？

B: はい、元気です。ありがとう。あなたはどうですか？

A: 悪くないんですけど、ここのところ、かなり暑いですよね？

B: ええ、蒸し暑くて、もう耐えられないですよ。

A: 本当に、かなりべたべたしますね。

【Words and Phrases】

- □ muggy　蒸し暑い
- □ pretty　相当
- □ unbearable　耐え難い
- □ sticky　べたべたする、蒸し暑い

ここがポイント！

❶あいさつを交わしたあと、ちょっとした世間話をしてから本題に入りたいときの最も無難な話題は、天気や気候です。特に、日本にははっきりとした四季があるので、季節感を表す表現がたくさんあって便利です。

その他の使える表現！

春の気配が感じられますね
▶I think spring is just around the corner.

だんだん暖かくなってきました
▶It's getting warmer and warmer.

梅雨入りしましたね
▶The rainy season has started.

さわやかな秋の日ですね
▶It's a crisp fall day.

朝晩、かなり冷え込んできました
▶It's getting rather cool in the morning and evening.

今日は寒いですね
▶It's chilly today.

今日は気持ち良く晴れていますね　素晴らしいお天気ですね
▶Today is such a beautiful day.

ひどい天気です
▶The weather is terrible.

こちらは昨夜は大雨でした
▶We had a lot of rain last night.

Chapter 6
スモールトーク

Scene 3 近況報告

ちょっとした会話で相手との距離がぐっと縮まります。スモールトークの定型表現を覚えましょう。

A: Hello. How are you today?

B: Excellent. Thanks. And you?

A: Great. So, how was your presentation?

B: It went really well. Thank you for asking.

A: That's wonderful.

訳

A: もしもし。お元気ですか？

B: とても元気です。ありがとう。あなたは？

A: 元気ですよ。ところで、プレゼンはどうでしたか？

B: すごくうまくいきました。お気遣いありがとう。

A: それはよかったです。

【Words and Phrases】

- □ so　　ところで、それで
- □ go well　　（ものごとが）順調に進む

ここがポイント！

- 「～はどうでしたか？」と聞くときは、〈How was/were～?〉が便利です。本題に入る前に相手の近況を尋ねると、会話が広がります。
- goは「（ものごとが）進む」という意味で、どのように進んだのかはwell、all right、okayなどの『様態』を表す副詞で表します。
- 「～はどうですか？」と現在の状況を聞くときは、be動詞を現在形にします。
- Thank you for asking.は、「尋ねてくれてありがとう→お気遣いありがとう」という意味で、「あなたが私の状況を気にしてくれて嬉しい／ありがたい」という気持ちを表します。

その他の使える表現！

交渉はどうでしたか？
▸How did the negotiations go?

お仕事はどうですか？
▸How's your business going?

うまくいっていますか？
▸Is everything okay?

とてもうまくいきました
▸It was great.

まあまあでした
▸It was okay.

悪くはなかったです
▸Not bad.

Track 105

Chapter 6

スモールトーク

Scene 4 世の中で話題になっていること

ちょっとした会話で相手との距離がぐっと縮まります。スモールトークの定型表現を覚えましょう。

A: How's everything?

B: We're getting by. Thanks. How about you?

A: We're okay. By the way, this pandemic has struck a heavy blow to the world, hasn't it?

B: Indeed. I wonder when things will get back to normal again.

訳

A: お元気ですか？

B: なんとかやっています。ありがとう。あなたはどうですか？

A: まあ、大丈夫です。ところで、このパンデミックが、世界中にひどい打撃を与えていますね。

B: 本当にそうです。いつになったら、通常の生活にまた戻れるのでしょうか。

【Words and Phrases】

□ get by	なんとかやっていく
□ pandemic	パンデミック、世界的に流行している伝染病
□ strike a blow to ～	～に打撃を与える
□ indeed	本当に、確かに

ここがポイント！

- 本題に入る前のsmall talk「世間話」「雑談」のトピックとして、近況報告や天候・天気に関すること以外に、誰もが知っているcurrent events「時事ニュース」、スポーツ、entertainment「芸能」が、よく取り上げられます。
- 相手に質問をしたり、同意を求めたりする際に使えるのが、付加疑問文です。
- 相手が持ち出したトピックに対しては、簡単に感想を述べるといいでしょう。

その他の使える表現！

景気回復の兆しが見えてきましたね
▶ **There are some signs of an economic recovery, aren't there?**

円高の悪影響は深刻ですね
▶ **The negative impact of the strong yen is serious, isn't it?**

株価が急騰しましたね
▶ **Share prices have skyrocketed, haven't they?**

ストライキをどう思いますか？
▶ **What do you think about the strike?**

昨日のニュースは本当に驚きましたね
▶ **Yesterday's news was really surprising, wasn't it?**

久々の明るいニュースでしたね
▶ **We've been waiting for this good news for a long time, haven't we?**

さらに！

Track 106

Extra表現 Chapter 3〜6

さらにさまざまな場面で使える表現を身に付けましょう！
和文に対応する英文を作成し、声に出してくり返し練習していきましょう。

Chapter 3　会社へ連絡する〈遅刻〉p.149

1 少し遅れていますが、打ち合わせには間に合います

2 渋滞しています

3 電車が止まっています

4 人身事故がありました

Chapter 3　会社へ連絡する〈欠勤〉p.151

1 ひどい腰痛です

2 娘が発熱しました

3 父親の介護でお休みをいただきます

4 母が危篤です

Chapter 3　アポイントメントの対応〈日時と場所を決める〉p.159

Track 107

1 別の日に再設定していただけませんか？

I'm running a bit late, but I can make it to the meeting.

We're stuck in traffic.

The train has stopped.

There was a fatal accident.

I have a terrible backache.

My daughter has a fever.

I have to take the day off to take care of my father.

My mother is in critical condition.

Could we reschedule for another day?

2 月曜日の２時から６時の間であれば、何時でも大丈夫です

3 水曜日と金曜日は空いています

4 どこでお会いしましょうか？

5 ご都合のよろしい場所はどちらでしょうか？

6 あなたのオフィスで２時にお会いするのはどうでしょうか？

7 日程を調整し、改めてお電話いたします

8 それでは午前11時にお待ちしております

Chapter 3　アポイントメントの対応〈変更／キャンセルする〉p.161

1 打ち合わせを１時間遅らせていただくことは可能でしょうか？

2 打ち合わせの場所を、御社から弊社へ変更するのはご面倒でしょうか？

Chapter 3　さまざまな問い合わせへの対応〈商品やサービス〉p.167

1 御社のホームページを見たのですが

2 保証期間について教えていただけますか？

3 どのようにして弊社をお知りになりましたか？

I'll be free anytime between 2:00 and 6:00 on Monday.

I have openings on Wednesday and Friday.

Where would you like to meet?

Where would be a good place for you?

Would it be convenient to meet at 2:00 at your office?

I'll call you again to arrange an appointment.

I'll expect you at 11:00 a.m. then.

Would it be possible to push our meeting back one hour?

Would it be too much trouble to change the meeting place from your office to ours?

I visited your website.

Could you tell me the warranty period?

How did you find out about us?

Chapter 3　さまざまな問い合わせへの対応〈サンプルやカタログなどの送付〉p.169　Track 108

1　日中連絡の取れるお電話番号を教えていただけますか？

2　到着まで約4〜5日かかります

Chapter 3　さまざまな問い合わせへの対応〈在庫の確認〉p.171

1　来週の水曜日には入荷いたします

2　その商品はもう扱っておりません

3　完売いたしました

Chapter 3　さまざまな問い合わせへの対応〈価格・支払い・発送方法・納期〉p.173

1　日付指定で配達できますか？

2　代引きでお送りいたします

3　宅配便でお送りいたします

Chapter 4　クレーム対応〈商品・サービス〉p.191

1　期待していた商品と違ったので、返品したいのですが

2　補償か全額返金を要求いたします

Could you please provide us your contact number during the day?

It'll take about 4 or 5 days to arrive.

It's supposed to come in next Wednesday.

We no longer carry that item.

The item is sold out.

Could you arrange a scheduled delivery?

We'll send the products C.O.D.

語 C.O.D. = cash on delivery　代金引き換え、着払い

We'll send it to you by door-to-door delivery service.

I'd like to return the product as it wasn't what I expected.

I demand compensation or a full refund.

Chapter 4　クレーム対応〈数量不足・品違い〉p.193　Track 109

1 お手数ですが、誤送品を着払いで返送していただけますか？

2 不足分につきましては、今週中にお手元に届くように手配をいたします

Chapter 4　クレーム対応〈納期／支払いの遅延〉p.199

1 お客さまのお名前が、発送リストから何らかの理由で漏れておりました

2 至急記録を調べ、いつ商品をお届けできるのかをお知らせいたします

Chapter 4　交渉をもちかける〈値引き依頼〉p.207

1 大量注文以外に、値引きが適用される方法はございますか？

2 ご注文いただいた商品は、割引き対象ではありません

Chapter 4　交渉をもちかける〈納期／支払期日変更の依頼〉p.209

1 1週間の納期延長をお願いできないでしょうか？

2 資金調達にかなりの時間を要します

3 納期を延長することができません

Could you please return the incorrect shipment by C.O.D.?

You'll receive the rest of the order within the week.

For some reason your name was missing from our shipping list.

We'll check our records immediately and let you know when you can expect to receive your purchase.

Is there any other way to qualify for a price reduction besides a bulk order?

The item you ordered can't be discounted.

Could you please grant us a one-week extension to the delivery deadline?

It takes a considerable amount of time to arrange financing.

We're unable to push back the delivery date.

お役立ち情報！

その他従業員の呼び方

一般社員	company employee/worker
正社員	regular employee/worker, full-time employee/worker
駐在員	expatriate employee/ worker, expat
契約社員	contract employee/worker
嘱託	contract employee/worker
派遣社員	temporary employee/worker/hire
アシスタント	assistant
アルバイト	part-time employee/worker
見習い・研修生	trainee
インターン	intern

さまざまな英語の相づち表現一覧

以下は、電話での会話を含め、あらゆる場面でよく使う英語の相づち表現一覧です。カジュアルな表現もたくさん載せてありますので、和訳を参考にして、特にビジネス上では相手との関係や状況を見極めて使うようにしましょう。

■ 同意を表す

はい　そうですね　そうなんです	・Yes.
ええ　ああ　うん	・Yeah.　・Yeh.　・Ya. Yup.　・Yep (＊yesの略式)
うんうん　そうそう (※同意の発音)	・Uh-huh.
そうですね　なるほど	・I see.
はい　そうですね　いいよ	・Okay.　・All right.
本当に　まさにその通りです	・Correct.　・Indeed. ・Yes, indeed.　・Right.
もちろんです　その通りです　いいですよ	・Absolutely.　・Totally.　・Exactly. ・Definitely.　・Sure.　・Certainly.
本当ですね　間違いないです　その通りです	・That's true.　・That's right. ・That's correct.
その通りです　(あなたは) 正しいです	・You're right.
私もそう思います	・I think so, too.
そうですよね　同感です	・I (totally) agree with you. ・I feel the same way.　・I agree.
まったくその通りです	・You can say that again.
そうなんですね　そうですね	・I know.
もちろんです	・Of course.

■ 話の続きを促す

それで？　で？	・Yeah?　・So?　・And?　・Okay?
続けて	・Go on.
なに？　ん？	・Huh?
聞いているよ	・I'm listening.
それでどうなったの？	・Then what happened?
うん、うん	・Uh huh.

■驚きを表す

本当ですか？ 本当に？ 本当？ へえ！	・Really? ・Really! (↘) ・Oh, yeah? ・Oh?
そうなんですか？ そうなの？ 本当ですか？	・Is that right? ・Is that so? ・Are you sure?
冗談でしょう！ まさか！ 本当？	・You're kidding/joking! ・You must be kidding! ・No kidding!
信じられない！	・I can't/don't believe it! ・Unbelievable!
本当に？ まじで？	・Honestly? ・Seriously?
それはすごい！	・How about that! ・Wow! ・That's crazy!
ありえない！	・No way!
ううん！違う！（＊否定を表す発声）	・Uh-uh! ・Nuh-uh!
えっ！ あら！ ああ！ まあ！ 大変！ 困った！	・Oh My Gosh/Goodness! ・Oh my！ ・My goodness! ・Oh boy! ・Oh no!

■感想を述べる

それは素晴らしいですね	・That's great/wonderful/amazing/incredible/excellent/fantastic/terrific/awesome.
それは面白いですね	・That's interesting.
それはひどいですね	・That's awful/terrible.
それは悲しいですね	・That's sad.
それは本当に残念でしたね	・That's too bad. ・I'm sorry to hear that.
それは情けないですね	・That's pathetic.
気に入りました	・I like that.
気に入りません	・I don't like that.
よかったですね	・Good for you.

■相手の発言を受けて繰り返す

そうなの？　そうなんだ	・Do you?　・You do?　・Are you?
そうしたの？　そうなんだ	・Did you?　・You did?　・Were you?
本当にそうなんだ　本当にそうしたの？	・Did you really?　・Were you really?

■話題を変える

ところで	・By the way,
～と言えば	・Speaking of ～,
聞いてよ　あのね	・Guess what?　・You know what?

■その他

そうだといいですね	・I hope so.
そうならないといいですね	・I hope not.
そうかもしれないですね	・Maybe so. You may be right. ・Could be.
よくわからないです	・I'm not sure. I don't really know.
わかってもらえましたか？	・Does that make sense?
わかった？	・Understood?
わかります　そうだね	・I understand. I hear you.
そうなんですか？	・Is that so?
あなたはそう思うのですね	・You think so.
いい加減にしてください！	・Give me a break!　・Gimme a break!
そんな～！　しまった！	・Come on!　・Oops!
もちろん違います	・Of course not.
絶対にだめです	・Absolutely not.
どうぞ　さあ	・By all means. ・Please. ・Go ahead.
承りました	・You got it　・You've got it.
わかりました	・I got it.
なるほど	・Very well.
そうですか　そっか	・I see

お祝い・お見舞い・お悔やみ・応援の表現一覧

■ お祝い

ご昇進おめでとうございます！	・Congratulations on your promotion!
このたびの功績、おめでとうございます！	・Congratulations on your achievement!
ご婚約おめでとうございます！	・Congratulations on your engagement!
ご結婚おめでとうございます！	・Congratulations on your marriage/ wedding!
赤ちゃんのお誕生おめでとうございます！	・Congratulations on your new baby!
おめでとうございます！　おめでとう！	・Congratulations!
心から祝福します	・I'm very happy for you.
私もわくわくしています	・I'm excited, too.
どうぞお幸せに！	・I wish you all the best!
お幸せに！	・All the best! ・Best wishes!

■ お見舞い

お見舞い申し上げます	・My thoughts are with you.
くれぐれもお大事にしてください	・Please take good care of yourself.
お大事に　早く良くなってください	・I hope you get well soon.
ゆっくり休んで、早く良くなってください	・Take it easy and get well soon.
早く治りますように	・Best wishes for a speedy recovery.
早く良くなってね	・Get well soon.
お気の毒に　かわいそうに	・I'm sorry to hear that.
（体調不良で）お気の毒です	・I'm sorry you're not feeling well.

■お悔やみ

このたびはご愁傷さまです 心よりお悔やみ申し上げます	・Please accept my condolences. ・I'm sorry for your loss. ・You have my sympathy.
あなたのことを思っています→お悔やみ申し上げます	・My thoughts are with you. ・You're in our thoughts. ・We're thinking of you.
お気の毒に	・I'm sorry to hear that. ・I'm so sorry.
何と申し上げて良いのかわかりません	・I don't know what to say.

■応援

幸運を祈る！→頑張って！	・Good luck!
その調子で頑張って！	・Keep it up! ・Keep up the good work!
元気出してね！　頑張って！	・Keep your spirits up!
目標に向かって進んで！→頑張って！	・Go for it!
あきらめないで！　頑張って！	・Don't give up!
しっかりね！　へこたれないで！	・Hang in there!
無理しないでね！　気楽にいこう！	・Take it easy!
無理しないでね！	・Don't overdo it!
あなたならできる！	・You can do it! ・I know you can do it!

主な組織名／部署名（例）一覧

本社／本店	headquarters, head office, main office
支社／支店	branch office
営業所	sales office, sales branch, business site
出張所	local office/branch
工場	factory, plant
本部／事業部	headquarters, head office, main office
部	department, division
課	section
室	office
班	section, team, unit
係	section, unit
総務部	General Affairs Division/Department
人事部	Human Resources Division/Department,
人材開発部	Human Resources Development Division/Department,
経理部	Accounting Division/Department
財務部	Finance Division/Department
法務部	Legal Division/Department
内部統制部	Internal Control Division/Department
調査部	Research Division/Department
社長室	Office of the President

企画部／室	Planning Division/Department/Office
企画開発部	Project Planning and Development Division/Department
業務管理部	Administrative Division/Department
業務推進部	Business Promotion Division/Department
情報システム部	Information Systems Division/Department
研究開発部	Research and Development Division/Department
営業／販売部	Sales Division/Department
営業企画部	Sales Planning Division/Department
販売促進部	Sales Promotion Division/Department
宣伝部	Publicity Division/Department,Advertising Division/Department
広報部	Public Relations Division/Department
マーケティング部	Marketing Division/Department
品質管理部	Quality Control Division/Department
商品管理部	Product Administration Division/Department
商品企画部	Product Planning Division/Department
商品開発部	Product Development Division/Department
製造部	Manufacturing Division/Department
技術部	Technical Division/Department
技術開発部	Technical Development Division/Department
購買部	Purchasing Division/Department
物流部	Logistics Division/Department
資材調達部	Procurement Division/Department

国際部	International Affairs Division/Department
海外営業部	Overseas Sales Division/Department
海外事業部	Overseas Operations Division/Department
輸出部	Export Division/Department
輸入部	Import Division/Department
親会社	parent company
子会社	subsidiary (company)
現地法人	overseas affiliate (company), local subsidiary (company)
合弁会社	joint venture (company)
関連会社	affiliate (company), associated company
系列会社	affiliate (company), associated company

主な役職名一覧

海外の企業や外資系企業だけでなく、国内企業でも経営幹部に「CxO」システムを採り入れるケースが増えてきています。(＊CxOについては、p.259参照) また、会社法上の呼称「代表取締役」と「CEO」を組み合わせた、「代表取締役CEO」のような肩書も見受けられるようになってきました。
肩書の表記や使用に関して注意したいことは、日本語の役職名を直訳的に英語に訳すと実情に合わない場合があることや、異なる日本語の役職名に対する英訳が同じになる場合があることなどです。次のページは、現在日本で多く用いられている役職名と対訳一覧です。

取締役会長	chairperson of the board, chairperson of the board of executives, chairperson of the board of directors
会長	chairperson
代表取締役	representative director
執行役員	executive officer, executive director
役員／取締役	director, board member
代表取締役社長	president and representative director, president and chief executive officer
社長	president, director
取締役副社長	executive vice president
副社長	vice president
専務取締役	executive managing director, senior director
常務取締役	managing director, executive director
社外取締役	outside director, outside board member
理事長	chief director
理事	director
監査役	auditor, inspector
顧問	advisor, consultant
相談役	senior corporate advisor, counselor
参与	senior counselor, counselor
支社長	general manager of a branch, branch manager
支店長	general manager of a branch, branch manager
所長	branch manager
工場長	factory manager
本部長	division director
事業部長	general manager, division director

統括部長	general manager, executive manager
支部長	branch manager, branch chief
部長	general manager
部長代理	deputy general manager
次長	deputy general manager, assistant general manager
参事	secretary, associate director
副参事	deputy associate director
室長	head of a section/department
局長	agency head, bureau chief
課長	section chief
課長代理	assistant section chief, deputy section chief
担当課長	product manager
主幹	chief editor, editor in chief, managing editor
主査	assistant section chief, project general manager
係長	manager, unit head
主任	assistant manager, head
組長	unit leader, group leader
班長	section leader, team leader

経営幹部役職名一覧【CxO】

海外の企業や外資系企業では、経営幹部に、通称CxOと呼ばれる役職名を用います。CxOとは、Chief x Officerの頭文字を取ったもので、「x」には、それぞれが責任を持つ業務が入ります。
C-suite executiveあるいは、C-level executive「Cが肩書に入っている役員」という表現もありますが、まとめてCxOと呼んでいます。
CxOはたくさんあり、担当業務が違っても、略称が同じとなるものがありますので、注意しましょう。以下、一覧です。

最高経営責任者	CEO＝Chief Executive Officer
最高財務責任者	CFO＝Chief Financial Officer
最高業務責任者	COO＝Chief Operating Officer, Chief Operations Officer
最高総務責任者	CAO＝Chief Administrative Officer
最高ビジネス責任者	CBO＝Chief Business Officer
最高会計責任者	CAO＝Chief Accounting Officer
最高分析責任者	CAO＝Chief Analytics Officer
最高戦略責任者	CSO＝Chief Strategy Officer
最高技術責任者	CTO＝Chief Technology Officer Chief Technical Officer
最高デジタル責任者	CDO＝Chief Digital Officer
最高データ責任者	CDO＝Chief Data Officer
最高情報責任者	CIO＝Chief Information Officer
最高情報セキュリティ責任者	CISO＝Chief Information Security Officer
最高知識責任者	CKO＝Chief Knowledge Officer
最高イノベーション責任者	CIO＝Chief Innovation Officer
最高法務責任者	CLO＝Chief Legal Officer
最高人事責任者	CHRO＝Chief Human Resource Officer

最高ネットワーク責任者	CNO = Chief Network Officer
最高コミュニケーション責任者	CCO = Chief Communications Officer
最高コンプライアンス責任者	CCO = Chief Compliance Officer
最高個人情報責任者	CPO = Chief Privacy Officer
最高販売責任者	CSO = Chief Sales Officer
最高サプライチェーン責任者	CSCO = Chief Supply Chain Officer
最高物流責任者	CLO = Chief Logistics Officer
最高開発責任者	CDO = Chief Development Officer
最高マーケティング責任者	CMO = Chief Marketing Officer
最高ブランド責任者	CBO = Chief Branding Officer
最高クリエイティブ責任者	CCO = Chief Creative Officer
最高健康責任者	CHO = Chief Health Officer
最高社員幸福責任者	CHO = Chief Happiness Officer
最高サステナビリティ責任者	CSO = Chief Sustainability Officer
最高社会的責任担当者	CSRO = Chief Social Responsibility Officer
最高ダイバーシティ責任者	CDO = Chief Diversity Officer

政治的差別用語と非差別用語一覧 《Politically Incorrect Words and Correct Words》

politically incorrect words「政治的差別用語」とは、「人種・民族・宗教・性などに関する差別や偏見が含まれている言葉や表現」を指します。一方、それらを言い換え、差別や偏見を含まない言葉や表現が、politically correct words「政治的非差別用語」です。通常、PCと略されます。辞書などでも、非差別用語には「PC」の表示を付け、差別用語と併記することが多くなっています。非差別用語の中でも、性による差別を避けるために用いる語は、gender neutral words「無性語」と呼ばれます。PCは、ある特定の人々に対する差別や偏見、排除などを起こさないために活用されています。

なお、PCは「差別や偏見のないことを言う」という意味の動詞として使うこともできます。
近年、国内外を問わず、性的指向や性自認を尊重する流れが加速しています。LGBTQに関するニュースもよく耳にするようになりました。性に対する意識が高まり、性別にとらわれない英語表現の使用が広まってきているのです。LGBTQとは、Lesbian「レズビアン」、Gay「ゲイ」, Bisexual「バイセクシャル」, Transgender「トランスジェンダー」、Queer「クイア＝男でも女でもない人」の頭文字を取った用語で、「性的マイノリティー」の人を指します。(QはQuestion「男か女かわからない人」のQとする場合もあります。)

政治的差別用語	政治的非差別用語
man, mankind「人間」	⇒ human, human being, humanity
manpower「人材資源、労働力」	⇒ human resources, workforce
man-made「人為的な、人工の」	⇒ human-made, artificial
chairman「議長、司会者、会長」	⇒ chairperson
spokesman、spokeswoman「広報担当者」	⇒ spokesperson
keyman「カギとなる人物、主要人物」	⇒ key person
business man「ビジネスマン」、business woman「ビジネスウーマン」	⇒ business person
salesman「セールスマン」、saleswoman「セールスウーマン」	⇒ salesperson, sales representative
secretary「(役員付) 秘書」	⇒ executive assistant
foreman「監督、親方、班長」	⇒ foreperson, supervisor, superintendent
craftsman「職人、熟練工」	⇒ artisan
policeman, policewoman「警察官」	⇒ police officer

fireman, firewoman「消防士」	⇒ firefighter
mailman「郵便配達人」	⇒ mail carrier
weatherman「気象予報士」	⇒ weather forecaster, weather person
stewardess「スチュワーデス」、steward「スチュワード」	⇒ flight/cabin attendant
cameraman「カメラマン」	⇒ photographer
waiter「ウェイター」、 waitress「ウェイトレス」	⇒ server
(chamber) maid「ホテルなどの客室係」	⇒ housekeeper, room attendant
bell boy「ベルボーイ」	⇒ bellhop
door man「ドアマン」	⇒ greeter
housewife「専業主婦」、 househusband「専業主夫」	⇒ homemaker
wife「妻」、husband「夫」	⇒ spouse, partner
American Indian「アメリカ先住民」	⇒ Native American
black person「(アフリカ系米国人の) 黒人」	⇒ African American
Oriental「東洋人」	⇒ Asian
homosexual「ホモセクシュアル」	⇒ gay
handicapped (person)「心身障がい者」	⇒ disabled person, person with disability
mentally ill person「精神障がい者」	⇒ person with a mental health disability, person with an intellectual development disability

ここがポイント！

＊「（役員付き）秘書」という意味のsecretaryは、一般的に使われていますが、政治的差別用語です。非差別用語は、executive assistantになります。ただし、secretaryは「（団体／協会の）書記／判事／事務官」を表すこともあり、これらの意味で使う場合は差別用語にはなりません。例えば、the Secretary-General of the United Nations「国連事務総長」、the Secretary General of the Liberal-Democratic Party「自民党幹事長」のように使います。

＊housewife「主婦」は差別用語とされていますが、これに対するPCのhomemakerを使う人はそれほど多くありません。なお、housewifeの非差別用語として、子どもがいる場合には、stay-at-home-mom、full-time momを用いることもあります。
また、男性については、househusband「専業主夫」が差別用語になりますので、これを避けてstay-at-home-husbandを、子どもがいる場合にはstay-at-home-dad、full-time dadを用います。なお、stay-at-home mom / dadの無性語として、stay-at-home parentがあります。

＊black person「黒人」は、アフリカ人を祖先に持つ黒人全般を指し、差別用語ではありませんが、アフリカ系アメリカ人の黒人に対しては、African Americanと呼ぶのがPCとされています。また、person of color と呼ぶ場合も多くなってきています。ただし、person of colorは、Non-white「白人以外の人種」全般を指すので、black people だけではありません。Native AmericanやHispanic「ラテンアメリカ系」などのbrown-skinned people / brown people「褐色の肌をした人」、Asianなど非白人はすべて含まれます。

＊handicapped「心身障がいの」、mentally ill「精神障がいの」のPCとして、それぞれphysically challenged、mentally challengedが用いられていた時代もありましたが、これらの非差別用語は現在はあまり使われていません。

＊dumb「発話障がい者」は差別用語ですので、聴覚障害によって引き起こされた発話障がい者であれば、person who is deaf、あるいは person who is hard of hearingなどと表現します。なお、deaf「聴覚障がい者」は、差別用語ではありません。

電話／通信に関する用語一覧

スマートフォン、スマホ	smartphone
携帯電話	cell phone, mobile phone
固定電話	landline phone, fixed-line phone
公衆電話	pay phone, public phone
プリペイド式（使い捨て）携帯電話	burn phone, prepaid mobile phone
外線	outside line, outside call
内線	extension
直通電話、ダイヤルイン	direct line, direct call ＊dial-inは、和製英語です。
電話の着信	incoming call
電話の発信	outgoing call
発信音（＝電話局などとの接続確認音）	dial tone
着信音	ring tone
着メロ	music ring tone
（ピーッという）発信音	tone, beep
不在着信	missed call
話し中の音	busy tone, busy signal
電話回線	telephone line, telephone circuit
アナログ回線	analog (telephone) line
ダイヤル回線	pulse dialing
プッシュ回線	(touch-)tone dialing
インターネット接続	Internet access
ダイヤルアップ接続	dial-up Internet access
高速インターネット接続	high-speed Internet access
ブロードバンド	broadband
光ケーブル	optical fiber cable, optic fiber cable fiber-optic cable
光回線インターネット	fiber-optic internet
ワイヤレスネットワーク	wireless network
無線LAN	wireless LAN

プロバイダー	Internet service provider
ホットスポット、Wi-Fiスポット	hot spot, Wi-Fi spot
圏外	out of range, no service, no reception
発信者電話番号	caller ID (=caller identification)
非通知電話	unknown call, unknown number, unidentified call, unidentified number
着信履歴	call register, (incoming call) history
発信履歴	(outgoing) call history
自動リダイヤル	automatic redial
自動ダイヤル通話	autodialing
スピードダイヤル、短縮ダイヤル	speed dialing
スピーカーフォン	speakerphone
割り込み通話	call-waiting
留守番電話機	answering machine
ボイスメール、音声メール	voice mail
デザリング	tethering
迷惑電話撃退／防止アプリ	call blocking app
写真／画像加工アプリ	photo editing app, image editing app
音声SNSアプリ	voice chat-based social media app audio-based social media app
無料通話アプリ	free calling app
携帯メール	text message
携帯メールを送ること	text messaging
携帯電話でメールを打つ〈動詞〉	text, message, send a text message
(携帯電話の) マナーモード	silent mode vibrate mode * manner modeは、和製英語です。
(携帯電話の) バイブレーションモード	vibrate mode
機内モード	airplane mode
携帯電話の待ち受け画面	(cellphone) wallpaper, standby screen
(電話) オペレーター	(phone) operator
コレクトコール (料金受信人払い通話)	collect call
フリーダイヤル	toll-free call　* free dialは和製英語です。

社内などの内部通話機	intercom
親機	base unit (of a phone)
子機	cordless handset
コードレス電話機	cordless phone
受話器	(phone) receiver
送受話器	handset
マイク付きヘッドホン	headset headphones
イヤホン	earbud(s) earpiece(s) earphone(s)
電池	battery
充電する〈動詞〉	charge recharge
スマホ充電器	(smart)phone charger
タッチスクリーン	touch screen
SIMカード	SIM card
GPS	GPS
ワンセグ	one segment broadcasting
(携帯電話機などの) 連続通話時間	talk time
通話時間	duration of a call
通話料金	calling rate calling charge
追加／割り増し料金	surcharge extra charge extra additional charge
おさいふケータイ	mobile wallet
定額プラン	flat rate plan
パケット定額制プラン	flat rate data plan
パケット使いたい放題プラン	unlimited data plan
かけ放題プラン	plan with unlimited calls
プリペイドカード	prepaid card
チャージができるカード	top-up card

番号案内	directory assistance
電話帳	phone list phone book telephone directory contacts contact list
国際電話	international call
国内通話	domestic call
長距離電話	long-distance call
市内通話	local call
国番号	country code
市外局番	area code
局番なし	no prefix
会社の番号	work number company number
自宅の番号	home number
携帯電話の番号	cell (phone) number mobile (phone) number
歩きスマホ	texting while walking smartphone use while walking
ながらスマホ	smartphone use while doing something else
急ぎの電話	urgent call
緊急の電話	emergency call
仕事の電話	business call, work-related call
私用の電話	personal call
間違い電話	wrong number
電話会議	conference call
売り込み／勧誘などのセールスコール	cold call sales call
ロボコール (＝自動音声による勧誘などの電話)	robocall
いたずら電話	prank call

電話番号の一般的な読み方

03-1234-5678	zero/oh three, one two three four, five six seven eight
(212) 890-4321	two one two, eight nine zero/oh, four three two one
3335	three three three five・thirty-three thirty-five・triple three five
4900	four nine zero zero・four nine oh oh・forty-nine hundred four nine double zero/oh
5000	five thousand
0120	zero/oh one two zero/oh
1-800	one eight hundred ＊日本で提供されているサービスのtoll-free number「通話料無料番号」は0120、0800などで始まりますが、アメリカは1-800です。800の他にも866、877、888があります。
内線27	extension twenty-seven

＊通常、数字を１つ１つ読みます。日本語では「－」の部分を「の」と読むことがありますが、英語では何も言わずに、一息間をおきます。

その他

■ Emergency Numbers 緊急番号

911	nine one one　＊アメリカ（警察、救急、消防）
999	nine nine nine　＊イギリス（警察、救急、消防）
112	one one two　＊EU（警察、救急、消防）
119	one one nine　＊日本（救急、消防）
110	one one zero/oh　＊日本（警察）

■ Directory Assistance「番号案内」

411	four one one　＊アメリカ
192	one nine two　＊イギリス
104	one zero/oh four　＊日本

国際電話のかけ方

日本から海外、海外から日本へ国際電話をかけるには、固定電話、携帯電話を問わず、基本的に以下の3つのステップを踏みます。詳細は、利用している通信会社のホームページなどで確認しましょう。

● 日本から海外への国際電話のかけ方

STEP1　＋（事業者識別番号／国際プレフィックス010）
「＋」は、事業者識別番号や国際プレフィックスを表します。

↓

STEP2　相手国の国番号　例）1（アメリカの国番号）

↓

STEP3　相手の番号（固定電話／携帯電話）

● 海外から日本への国際電話のかけ方

STEP1　＋（国際プレフィックス）

STEP2　81（日本の国番号）

STEP3　相手の番号（固定電話／携帯電話）

ここがポイント！

- 日本から海外へかける場合、事業者識別番号は不要で、国際プレフィックスのみの場合があります。利用する通信会社の国際電話のかけ方の情報を参照してください。なお、海外では多くの国で、事業者識別番号は不要です。日本の国際プレフィックスは、010です。
- 相手の電話番号が「0」から始まる場合は、最初の「0」を除きます。
- 携帯電話の多くは、「＋」を表示しダイヤルすることにより、事業者識別番号や、国際プレフィックスをダイヤルしたのと同じことになります。
- 海外では多くの国で事業者識別番号は必要なく、「＋」、あるいは滞在国の国際プレフィックスからダイヤルします。〈例：アメリカから日本の携帯090-1234-5678へかける場合〉＋81(日本の国番号)-90-1234-5678
- 各種カードなどによるサービスを利用する場合のかけ方は、その条件によります。

INDEX

日本語訳を50音順で並べています。
ただし、《　》内は除きます。

御社のホームページに道順と地図はありますか？	133
御社のリストから、当社を削除していただきたいのですが	87
御社までどうやって行けばいいでしょうか？	142
御社までどのように行くのか教えていただけますか？	133
お願いしたい処理があるのですが	202
お客さまに会う前に話し合っておくことがあります	142
お休み中にお電話してすみません	99
お見積もりを出していただけますか？	173
お元気そうですね	233
お元気ですか？ 調子はどうですか？	233
お仕事のお邪魔ではありませんか？	103
お仕事はどうですか？	237
お仕事中失礼しました	138
お時間ありがとうございました	119
お時間があれば、お会いしたいのですが	157
お時間のあるときに、お電話ください	121
お手数おかけしてすみませんでした	138
お振込み確認後に、商品を発送いたします	173
お騒がせしてすみません	127
お待たせして申し訳ございません	42
お待たせしました	12
お待ちいただけますでしょうか	41
お調べして、すぐに折り返させていただきます	191
お伝えしなければならないことがあります	121
お電話ありがとうございました	118
お電話ありがとうございます、しかし…	85
お電話ありがとうございます、しかし弊社は、現在、そのようなサービスを必要としておりません	84
お電話ありがとうございます。詳細をお聞かせいただけますでしょうか？	194
お電話いただけますか？	121
お電話が遠いようですが。よく聞こえません	16
お電話くださるようにお伝え願えますか？	109
お買い上げ誠にありがとうございました。	175

●著者紹介

大島さくら子

英会話講師、英語学習書ライター、英語学習コンサルタント。英語教育事業（株)オフィス・ビー・アイ代表取締役、EMOオンライン英会話アカデミック・アドバイザー。慶應義塾大学卒、Temple University Japan卒、Oxford大学留学。(株)サンリオ人事部勤務を経て、現在、多くの企業、団体で英語講師を務める。
『会話がはずむスマートフレーズ＆トピック』、『シーン別本当に使える実践ビジネス英会話』（共にベレ出版)、『ビジネス英語４週間集中プログラム』（ダイヤモンド社)、『会社でよく使うミーティングのひと言英語フレーズ』（KADOKAWA)、『日本人に共通するビジネス英語のミス』（ジャパンタイムズ）など、著書多数。英検１級、TOEIC® L&R 990満点/S&W400満点。

英文校正　Elaine Hayashi
和文／英文校正　渡辺則彰／長井紅美
装丁　花本浩一
本文デザイン／DTP　株式会社創樹
音声録音・編集　一般財団法人英語教育協議会（ELEC)
ナレーター　Howard Colefield／Karen Haedrich／水月優希

ビジネスで１番よく使う　電話＆オンライン英会話

令和３年(2021年)６月10日　初版第１刷発行

著者　大島さくら子
発行人　福田富与
発行所　有限会社Ｊリサーチ出版
〒166-0002　東京都杉並区高円寺北2-29-14-705
電話 03(6808)8801(代)　FAX 03(5364)5310
編集部 03(6808)8806
https://www.jresearch.co.jp
Twitter公式アカウント @Jresearch_　https://twitter.com/Jresearch_
印刷所　株式会社シナノパブリッシングプレス

ISBN 978-4-86392-518-2